银行业保险业"引进来"和"走出去"机构名录

银行业"引进来"
机构名录

YINHANGYE YINJINLAI JIGOU MINGLU

中国银保监会国际部 ◎ 编

中国金融出版社

责任编辑：亓　霞　贾　真
责任校对：孙　蕊
责任印制：张也男

图书在版编目(CIP)数据

银行业"引进来"机构名录 / 中国银保监会国际部编. —北京：中国金融出版社，2021.7

（银行业保险业"引进来"和"走出去"机构名录）

ISBN 978-7-5220-1230-8

Ⅰ.①银… Ⅱ.①中… Ⅲ.①外资银行—中国—名录 Ⅳ.①F832.3-62

中国版本图书馆CIP数据核字 (2021) 第125096号

银行业"引进来"机构名录
YINHANGYE "YINJINLAI" JIGOU MINGLU

出版 发行	中国金融出版社
社址	北京市丰台区益泽路2号
市场开发部	(010) 66024766，63805472，63439533 (传真)
网 上 书 店	www.cfph.cn
	(010) 66024766，63372837 (传真)
读者服务部	(010) 66070833，62568380
邮编	100071
经销	新华书店
印刷	保利达印务有限公司
尺寸	169毫米×239毫米
印张	16.5
字数	221千
版次	2021年10月第1版
印次	2021年10月第1次印刷
定价	60.00元
ISBN	978-7-5220-1230-8

如出现印装错误本社负责调换　联系电话 (010) 63263947

前 言

2021年是中国共产党成立100周年，也是中国加入世贸组织20周年。回首过去，党领导金融领域建设和改革开放取得了历史性成就。特别是改革开放以来，对外开放的基本国策有力促进了中国金融体系的持续健康发展，丰富了金融市场供给，更好地满足了经济发展和人民生活的金融需求，也大幅提升了中国银行业保险业国际竞争力。

中国银行业保险业的对外开放经历了四个阶段。1978—1993年，开放主要集中在经济特区。在深圳和上海，香港南洋商业银行和美国友邦保险公司先后获批设立营业性机构，成为改革开放后第一家进入中国（内地）的外资银行和第一家外资保险公司。1994—2000年，开放试点扩大。外资银行开始从沿海走向内地。保险业对外开放试点城市由上海逐步扩大到广州、深圳等城市。与此同时，银行业保险业基础性法律法规体系基本建立，相继出台《中国人民银行法》《商业银行法》《保险法》等。2001—2016年，中国银行业保险业对外开放水平大幅提高。随着我国加入世贸组织，中国银行业保险业全面履行在设立条件、业务范围、经营地域等方面的开放承诺，相继颁布《外资金融机构管理条例》《外资保险公司管理条例》和《外资银行管理条例》。与此同时，"走出去"步伐明显加快。仅2013年一年，中资银行在境外设立的一级机构就达12家。2017年党的十九大至今，中国银行业保险业迎来新一轮扩大开放。特别是2018年以来，出台了三轮共34条开放新措施，主要包括取消外资持股比例限制，放宽外资机构和业务准入条件，扩大外资机构业务范围，优化外资机构监管规则，简化行政许可流程等方面。截至2020年末，银保监会相关法规修订和制定工作已基本完成，新批准设立各类外资机构100多家，多个具有标志意义的外资项目落地。外资机构投资中国市场的积极性持续提高。

随着双向开放程度不断加深，银行业保险业"引进来"和"走出去"机构数量稳步增长。"引进来"方面，截至2020年12月末，外资银行在境内共设立了41家外资法人银行、116家外国及港澳台银行分行和144家代表处，营业性机构总数946家，外资银行总资产达3.78万亿元人民币。境外保险机构在境内共设立了66家外资保险机构、85家代表处和17家保险专业中介机构，外资保险公司总资产达1.71万亿元。"走出去"方面，截至2020年12月末，23家中资银行在69个国家和地区设立了279家分支机构，17家中资保险机构在15个国家地区设立了61家分支机构。

在双向开放过程中，我国金融业发生了历史性变革。银行业保险业总体运行稳健，服务实体经济力度不断加大，防范化解金融风险取得积极成效，金融监管的治理体系和治理能力明显提升。党的十八大以来，我国银行业总资产规模、外汇储备余额持续位居全球第一。我国成为全球第二大债券市场、股票市场和保险市场。资本市场双向开放稳步推进，上海基本建成与我国经济实力及人民币国际地位相适应的国际金融中心。中资银行和保险机构积极借鉴国际先进经验，在治理机制、管理水平、服务能力等方面不断优化，整体素质和综合竞争力大幅提升。2019年，我国有四家银行、一家保险公司成为"全球系统重要性金融机构"。143家银行上榜英国《银行家》杂志公布的"2020年全球银行1000强"排行榜，资产规模总额占全球银行业的24.6%。其中，工商银行、农业银行、中国银行、建设银行四家大型银行连续三年蝉联全球银行1000强的前四名。中国金融机构全球竞争力不断增强。

为方便公众和投资者了解和查阅银行业保险业双向开放过程中机

构设立相关信息，银保监会国际部牵头梳理了银行业和保险业"引进来"和"走出去"机构的基本情况，将其汇编成三册，分别为《银行业"引进来"机构名录》《中资银行"走出去"机构名录》《保险业"引进来"和"走出去"机构名录》。

《银行业"引进来"机构名录》汇总了境外金融机构在境内设立的银行机构基本情况，包括境外金融机构简介、境内机构名称、机构类别、主营业务、成立时间、电话、地址、传真和网址。除此以外，还列出了境外非银行金融机构驻华代表处名单。

《中资银行"走出去"机构名录》汇总了中资银行在境外设立机构的基本情况。其中包括：一是中资银行"走出去"情况简介；二是中资银行"走出去"机构名录，包括境外机构名称、机构类别、主营业务、下辖机构、成立时间、地址、电话、传真、网站等；三是境外主要监管机构简介；四是银保监会签署的双边监管合作谅解备忘录和监管合作协议一览表；五是部分中资银行中英文名称简表。

《保险业"引进来"和"走出去"机构名录》汇总了保险业双向开放的机构设立情况。其中包括：一是境外金融机构在境内设立的外资保险机构基本情况，包括境外金融机构简介、境内机构名称、机构类别、成立时间、电话、地址、传真和网址；二是中资保险机构在境外设立机构的基本情况，包括境外机构名称、机构类别、成立时间、电话、地址、传真、网站等。

本书按照地域分类。大洲按照亚洲、非洲、欧洲、北美洲、南美洲、大洋洲顺序排列，国家和地区按照拼音顺序排列。在确定"引进来"机构的国家和地区归属时，主要依据的是境内外资机构的股东注册地。"走出去"机构所列信息为中资银行保险机构在当地设立的一级机构相关信息。本书所列"引进来"机构不包含外资参股的情况。所使用数据截至2020年12月31日。

希望本书的出版可以达到以下几个目的：一是帮助读者准确、全面了解境外投资者投资中国银行业保险业的情况；二是帮助已经"走出去"或有志于"走出去"的中资企业了解中资银行保险机构的海外分布情况，掌握更多跨境金融支持渠道；三是帮助已经"走出去"或有志于"走出去"的中资金融机构更有针对性地选择海外设点目的地和开展同业合作；四是为政府部门和学术机构开展对外开放研究工作提供信息参考。

《中华人民共和国国民经济和社会发展第十四个五年规划和2035年远景目标纲要》指出，要"坚持实施更大范围、更宽领域、更深层次对外开放，依托我大市场优势，促进国际合作，实现互利共赢"。站在"两个一百年"的历史交汇点上，银行业保险业将坚定不移地深化高水平双向开放，以高层次的制度型开放促进高标准的贸易投资自由化、便利化，以更大范围的金融业"引进来"和"走出去"推动实体经济"引进来"和"走出去"，为"双循环"新发展格局作出更大贡献，为建设社会主义现代化国家贡献力量。

谨以此书，献给伟大的中国共产党成立100周年和中国加入世贸组织20周年。

本书编写组

二〇二一年七月

目 录

亚 洲

阿联酋

阿联酋阿布扎比第一银行上市股份公司 3
阿联酋国民银行股份有限公司 4

巴基斯坦

巴基斯坦哈比银行有限责任公司 5
巴基斯坦阿斯卡利银行股份有限公司 6
巴基斯坦艾尔哈比银行有限公司 7
巴基斯坦国民银行股份有限公司 8
巴基斯坦联合银行股份有限公司 9
巴基斯坦联盟银行有限公司 10

菲律宾

菲律宾国家银行 11
菲律宾首都银行及信托有限公司 12
菲律宾金融银行股份有限公司 13

韩国

韩亚银行股份有限公司 14
韩国友利银行股份有限公司 15
韩国国民银行股份有限公司 16
韩国中小企业银行有限公司 17
韩国新韩银行股份有限公司 18
韩国产业银行 19
韩国釜山银行股份有限公司 21
韩国大邱银行股份有限公司 22
韩国输出入银行 23
韩国农协银行股份公司 24
韩国光州银行股份有限公司 25

哈萨克斯坦

哈萨克斯坦人民储蓄银行股份公司 26

卡塔尔

卡塔尔多哈银行股份有限公司 27
卡塔尔国民银行公众股份公司 28

科威特

科威特国民银行股份有限公司 29

马来西亚

马来亚银行有限公司 30
马来西亚联昌银行股份有限公司 32
马来西亚丰隆银行有限公司 33

蒙古

蒙古郭勒穆特银行有限公司......34

孟加拉国

孟加拉国东方银行有限公司......35

日本

三菱日联银行股份有限公司......36
日本瑞穗银行股份有限公司......37
日本三井住友银行股份有限公司......38
日本山口银行股份有限公司......39
日本三井住友信托银行股份有限公司......40
日本横滨银行股份有限公司......41
日本名古屋银行股份有限公司......42
日本 Chugoku 银行股份有限公司......43
日本北陆银行股份有限公司......44
日本常阳银行股份有限公司......45
日本里索那银行股份有限公司......46
日本三菱日联信托银行股份有限公司......47
日本福冈银行股份有限公司......48
日本广岛银行股份有限公司......49
日本静冈银行股份有限公司......50
日本农林中央金库有限公司......51
日本千叶银行股份有限公司......52
日本山阴合同银行股份有限公司......53
日本十六银行股份有限公司......54
日本八十二银行股份有限公司......55
西日本城市银行股份有限公司......56

日本伊予银行股份有限公司...57
日本大垣共立银行股份有限公司...58
日本滋贺银行有限公司...59
日本百五银行有限公司...60
日本信金中央金库有限公司...61
日本北国银行有限公司...62
日本京都银行股份有限公司...63
日本肥后银行股份有限公司...64
日本北洋银行股份有限公司...65
日本商工组合中央金库股份有限公司.................................66
日本七十七银行股份有限公司...67
日本南都银行股份有限公司...68
日本百十四银行股份有限公司...69
日本北海道银行股份有限公司...70
日本池田泉州银行股份有限公司...71
日本鹿儿岛银行股份有限公司...72
日本蓝天银行股份有限公司...73
日本群马银行股份有限公司...74
日本第四银行股份有限公司...75

沙特阿拉伯

沙特阿拉伯国家商业银行股份有限公司.............................76

泰国

开泰银行（大众）有限公司...77
盘谷银行（大众有限公司）...79
泰京银行大众有限公司...80
泰国汇商银行大众有限公司...81

尼日利亚

尼日利亚第一银行有限公司……143

尼日利亚詹尼斯银行股份有限公司……144

尼日利亚万通银行公共有限公司……145

欧 洲

奥地利

奥地利奥合国际银行股份有限公司……149

比利时

比利时联合银行股份有限公司……150

白俄罗斯

白俄罗斯银行储蓄银行公开股份公司……151

德国

德意志银行股份有限公司……152

德国商业银行股份有限公司……153

德国北德意志州银行……154

德国巴登——符腾堡州银行……155

德国中央合作银行股份有限公司……156

德国黑森——图林根州银行……157

德国迈世勒银行股份公司……158

台湾土地银行股份有限公司 126

台湾银行股份有限公司 127

中国信托商业银行股份有限公司 129

台湾中小企业银行股份有限公司 131

上海商业储蓄银行股份有限公司 132

台新国际商业银行股份有限公司 133

王道商业银行股份有限公司 134

非 洲

埃及

埃及国民银行股份公司 137

埃及银行 138

加纳

加纳西非商业银行有限公司 139

喀麦隆

喀麦隆非洲第一银行有限公司 140

摩洛哥

摩洛哥非洲银行 141

南非

南非第一兰特银行有限公司 142

恒生银行有限公司 95
华侨永亨银行有限公司 96
南洋商业银行有限公司 97
中国工商银行（亚洲）有限公司 98
中信银行（国际）有限公司 99
大新银行有限公司 100
集友银行有限公司 101
创兴银行有限公司 102
上海商业银行有限公司 104
招商永隆银行有限公司 105
大众银行（香港）有限公司 106
富邦银行（香港）有限公司 108

中国澳门

澳门国际银行股份有限公司 109
大西洋银行股份有限公司 111
大丰银行股份有限公司 112
澳门华人银行股份有限公司 113

中国台湾

台北富邦商业银行股份有限公司 114
国泰世华商业银行股份有限公司 115
彰化商业银行股份有限公司 116
玉山商业银行股份有限公司 117
永丰商业银行股份有限公司 118
合作金库商业银行股份有限公司 119
华南商业银行股份有限公司 121
兆丰国际商业银行股份有限公司 123
第一商业银行股份有限公司 124

土耳其

土耳其担保银行股份公司 82
土耳其实业银行股份公司 83

新加坡

新加坡星展银行有限公司 84
大华银行有限公司 85

印度

印度国家银行 86
印度爱西爱西爱银行有限公司 87

印度尼西亚

印度尼西亚曼底利银行有限责任公司 88

伊朗

伊朗德佳拉特银行（公开合股公司） 89

约旦

约旦阿拉伯银行公众有限公司 90

以色列

以色列国民银行有限公司 91

中国香港

香港上海汇丰银行有限公司 92
渣打银行（香港）有限公司 93
东亚银行有限公司 94

丹麦

丹麦银行有限公司...159

俄罗斯

俄罗斯外贸银行公众股份公司...160
俄罗斯储蓄银行公开股份公司...161
俄罗斯工业通讯银行公众式股份公司.............................162
"俄罗斯联邦外经银行"国家开发集团公司....................163
俄罗斯农业银行股份公司..164
俄罗斯天然气工业银行股份公司....................................165

法国

法国巴黎银行...166
法国兴业银行...167
法国东方汇理银行股份有限公司....................................168
法国外贸银行股份有限公司..169
法国工商银行有限公司..170
法国标致雪铁龙融资银行有限公司................................171

荷兰

荷兰安智银行股份有限公司..172
荷兰合作银行有限公司..173
荷兰银行有限公司..174
荷兰欧洲信贷银行有限公司..175

卢森堡

卢森堡国际银行有限责任公司..176

挪威

挪威银行公共有限公司 177

葡萄牙

葡萄牙商业银行股份有限公司 178

瑞士

瑞士银行有限公司 179
瑞士信贷银行股份有限公司 180
瑞士苏黎世州银行 181
瑞士宝盛银行有限公司 182
瑞士苏黎世恒比银行股份有限公司 183
瑞士盈丰银行股份有限公司 184

瑞典

瑞典北欧斯安银行有限公司 185
瑞典银行有限公司 186
北欧银行有限公司 187

塞浦路斯

塞浦路斯银行公共有限公司 188

西班牙

西班牙桑坦德银行有限公司 189
西班牙对外银行有限公司 190
西班牙萨瓦德尔银行股份有限公司 191
西班牙商业银行股份有限公司 192
西班牙班西亚银行股份公司 193

匈牙利

匈牙利储蓄商业银行公共有限公司 194

英国

摩根士丹利国际银行有限公司 195
英国巴克莱银行有限公司 196
英国高盛国际银行无限责任公司 197

意大利

意大利联合圣保罗银行股份有限公司 198
意大利裕信银行股份有限公司 199
意大利西雅那银行股份有限公司 200
意大利意联银行股份有限公司 201

北美洲

古巴

古巴国民银行 205

加拿大

加拿大蒙特利尔银行有限公司 206
加拿大丰业银行有限公司 207
加拿大皇家银行有限公司 208
加拿大帝国商业银行有限公司 209

加拿大多伦多道明银行有限公司 210

加拿大国民银行有限公司 211

美国

美国摩根大通银行有限公司 212

美国花旗银行有限公司 213

美国华美银行股份有限公司 214

美国硅谷银行有限公司 216

美国银行有限公司 217

美国富国银行有限公司 219

美国纽约梅隆银行有限公司 220

美国建东银行有限公司 221

美国道富银行有限公司 222

美国北美信托银行有限公司 223

美国国泰银行有限公司 224

美国浦瑞兴银行股份有限公司 225

南美洲

阿根廷

阿根廷国民银行 229

巴西

巴西银行有限公司 230

智利

智利银行股份有限公司..231
智利信贷银行股份有限公司..232

大洋洲

澳大利亚

澳大利亚和新西兰银行集团有限公司................................235
澳大利亚澳洲联邦银行..236
澳大利亚国民银行有限公司..237
澳大利亚西太平洋银行..238

附 录

境外非银行金融机构驻华代表处名单................................239

后 记..243

Asia 亚洲

阿联酋	泰国
巴基斯坦	土耳其
菲律宾	新加坡
韩国	印度
哈萨克斯坦	印度尼西亚
卡塔尔	伊朗
科威特	约旦
马来西亚	以色列
蒙古	中国香港
孟加拉国	中国澳门
日本	中国台湾
沙特阿拉伯	

阿联酋

阿联酋阿布扎比第一银行上市股份公司
First Abu Dhabi Bank P.J.S.C.

阿联酋阿布扎比第一银行上市股份公司成立于1968年2月13日，总部位于阿联酋阿布扎比。该行主要提供信贷服务、全球交易银行服务、公司金融、全球金融市场服务及中小企业银行服务，全球网络分布在19个国家和地区。

在华机构：阿联酋阿布扎比第一银行上市股份公司上海代表处
　　　　　First Abu Dhabi Bank P.J.S.C. Shanghai Representative Office
机构类别：外国银行代表处
成立时间：2011年11月28日
电　　话：021-60952388
地　　址：上海市浦东新区陆家嘴环路1000号恒生银行大厦28楼112室
传　　真：021-60952343
网　　址：www.bankfab.com

阿联酋国民银行股份有限公司
Emirates NBD PJSC

阿联酋国民银行股份有限公司成立于1963年6月，该行业务范围包括投资银行、私人银行、资产管理和全球资本市场业务等。该行在阿联酋、埃及、印度、土耳其、沙特阿拉伯、新加坡、英国、奥地利、德国、俄罗斯和巴林设有分行，在中国和印度尼西亚设有代表处。

在华机构： 阿联酋国民银行股份有限公司北京代表处
EMIRATES NBD PJSC Beijing Representative Office

机构类别： 外国银行代表处

成立时间： 2011年10月14日

电　　话： 010-64657466

地　　址： 北京市朝阳区亮马桥路50号燕莎中心C519室

传　　真： 010-64654066

网　　址： www.emiratesnbd.com

巴基斯坦

巴基斯坦哈比银行有限责任公司
Habib Bank Limited

巴基斯坦哈比银行有限责任公司成立于1947年,总部位于巴基斯坦卡拉奇,主要业务领域涵盖零售银行、企业与投资银行、市场资金业务、中小企业与农村金融、金融机构与国际贸易服务、交易银行等。该行在巴基斯坦国内设有1659家分行,员工总数逾16000人。该行在中国、新加坡、英国、阿联酋、斯里兰卡、肯尼亚、巴林、阿曼、黎巴嫩、毛里求斯、阿富汗、孟加拉国、马尔代夫、比利时、土耳其等国家和地区共设有38家海外分行。

在华机构: 巴基斯坦哈比银行有限责任公司北京分行
Habib Bank Limited Beijing Branch

机构类别: 外国银行分行

成立时间: 2020年10月15日

电　话: 010-85250000

地　址: 北京市朝阳区建国门外大街1号国贸大厦A座25层02—07单元、08C单元

传　真: 010-85151503

网　址: www.hbl.com

在华机构：巴基斯坦哈比银行有限责任公司乌鲁木齐分行
　　　　　Habib Bank Limited Urumqi Branch

机构类别：外国银行分行

成立时间：2016年11月24日

电　　话：0991-5531217

地　　址：新疆维吾尔自治区乌鲁木齐市高新区（新市区）四平路2288号科研总部基地3号楼—4号楼1层商业104号

传　　真：0991-5058058

网　　址：www.hbl.com

巴基斯坦阿斯卡利银行股份有限公司
Askari Bank Ltd.

　　巴基斯坦阿斯卡利银行前身为阿斯卡利商业银行，成立于1991年10月9日，2007年6月更为现名，其母公司为巴基斯坦福吉（Fauji）基金会。该行在巴基斯坦境内共有536家分支机构，业务领域包括投资银行、公司银行、个人银行、国际银行、信用卡业务和资产管理等。

在华机构：巴基斯坦阿斯卡利银行股份有限公司北京代表处
　　　　　Pakistan Askari Bank Ltd. Beijing Representative Office

机构类别：外国银行代表处

成立时间：2015年11月12日

电　　话：010-59298652

地　　址：北京市朝阳区建国门外大街1号（二期）24层2401—2423单元

传　　真：无

网　　址：www.askaribank.com

巴基斯坦艾尔哈比银行有限公司
Bank AL Habib Limited

巴基斯坦艾尔哈比银行有限公司成立于1991年10月15日,总部在巴基斯坦卡拉奇。该行在巴基斯坦证券交易所上市,主要从事商业银行业务,在巴基斯坦境内有884家分支机构,在海外有4家分行和4家代表处。

在华机构: 巴基斯坦艾尔哈比银行有限公司北京代表处
　　　　　Bank AL Habib Limited Beijing Representative Office

机构类别: 外国银行代表处

成立时间: 2012年12月31日

电　　话: 010-57379676/77

地　　址: 北京市朝阳区建国门外大街1号国贸写字楼1座11层18-03室

传　　真: 010-57379899

网　　址: www.bankalhabib.com

巴基斯坦国民银行股份有限公司
National Bank of Pakistan

巴基斯坦国民银行股份有限公司成立于1949年11月9日，注册地在巴基斯坦卡拉奇。该行是巴基斯坦的国有商业银行，除提供一般商业银行服务外，还代表巴基斯坦国家银行（巴基斯坦中央银行）从事政府债券业务。该行在海外18个国家和地区拥有20家分支机构。

在华机构： 巴基斯坦国民银行股份有限公司北京代表处
National Bank of Pakistan Beijing Representative Office

机构类别： 外国银行代表处

成立时间： 1981年7月7日

电　　话： 010-65903388-401

地　　址： 北京市朝阳区新源南路2号昆仑饭店401室

传　　真： 010-65903762

网　　址： www.nbp.com.pk

巴基斯坦联合银行股份有限公司
United Bank Limited

巴基斯坦联合银行成立于1959年，主要业务包括企业银行、零售银行、投资银行等。该行在巴基斯坦境内设有1400家分行，在亚洲、非洲、欧洲和美洲等11个国家和地区设有子公司、分行和代表处。

在华机构：巴基斯坦联合银行股份有限公司北京代表处
United Bank Limited Beijing Representative Office
机构类别：外国银行代表处
成立时间：2007年4月23日
电　　话：010-65675560
地　　址：北京市朝阳区建国路乙118号京汇大厦21F-10
传　　真：010-65675560
网　　址：www.ubldirect.com

巴基斯坦联盟银行有限公司
Allied Bank Limited

巴基斯坦联盟银行有限公司于1942年12月3日成立,在巴基斯坦证券交易所上市,在巴基斯坦境内设有1400家分行。该行母公司为易卜拉欣(私有)有限公司。

在华机构: 巴基斯坦联盟银行有限公司北京代表处
Pakistan Allied Bank Limited Beijing Representative Office

机构类别: 外国银行代表处
成立时间: 2016年11月29日
电　　话: 010-65350216/0174
地　　址: 北京市朝阳区建国门外大街1号国贸写字楼1座14层1423室
传　　真: 010-65350199
网　　址: www.abl.com

菲律宾

菲律宾国家银行
Philippine National Bank

菲律宾国家银行成立于1916年7月22日,2013年吸收合并菲律宾联盟银行有限公司。该行主要经营业务包括零售业务、国际业务及汇款业务、公司银行业务、全球金融市场业务、财富管理和信托业务等。该行在菲律宾境内有716家分支机构,在美国、加拿大、欧洲、中东及亚洲设有分行、代表处、汇款中心等71家机构。

在华机构: 新联商业银行
　　　　　　Allied Commercial Bank
机构类别: 外商独资银行
成立时间: 1993年7月26日
电　　话: 0592-2399316
地　　址: 福建省厦门市思明区厦禾路189号银行中心大厦一层0104单元和三层03088-12单元及15单元
传　　真: 0592-2399329
网　　址: http://www.alliedbankchina.com.cn/
下设分行: 重庆分行

菲律宾首都银行及信托有限公司
Metropolitan Bank & Trust Company

菲律宾首都银行及信托有限公司成立于1962年，总部位于菲律宾马尼拉，在菲律宾证券交易所上市。该行是一家以商业银行为主，包括多家储蓄银行、投资银行、财务公司、证券公司、信用卡公司、汇兑公司、保险公司、租赁公司等在内的银行集团。该行为客户提供包括存贷款、贸易融资、结算、信用卡、保险、信托等业务，在菲律宾境内有900多家分行，在中国、美国、英国、西班牙、日本、韩国和新加坡设有20多家分支行和附属机构。

在华机构： 首都银行（中国）有限公司
Metropolitan Bank (China) Limited

机构类别： 外商独资银行

成立时间： 2009年12月31日

电　　话： 025-68584114

地　　址： 江苏省南京市建邺区江东中路347号国金中心办公楼一期2103—2111室、2201—2216室

传　　真： 025-68584140

网　　址： www.metrobank.com.cn

下设分行： 上海分行、南京分行、常州分行、泉州分行、厦门分行、苏州分行

在华机构：菲律宾首都银行及信托有限公司北京代表处
Metropolitan Bank & Trust Company Beijing Representative Office

机构类别：外国银行代表处

成立时间：1993年12月30日

电　　话：010-65183359

地　　址：北京市东城区建国门内大街18号恒基中心办公楼1座1410室

传　　真：010-65183358

网　　址：www.metrobank.com.cn

菲律宾金融银行股份有限公司
BDO Unibank, Inc.

菲律宾金融银行股份有限公司于1967年12月在菲律宾马尼拉成立，2002年5月在菲律宾证券交易所上市。该行是菲律宾国内综合性银行之一，提供存款、贷款、汇款、保险、国际汇兑等业务。该行在菲律宾设有1470家分支机构，在亚洲、欧洲、中东和北美洲设有17家分行、汇款中心和代表处。

在华机构：菲律宾金融银行股份有限公司厦门代表处
BDO Unibank, Inc. Xiamen Representative Office

机构类别：外国银行代表处

成立时间：2020年6月18日

电　　话：0592-5550316，0592-5550566

地　　址：福建省厦门市湖里区嘉禾路468号、仙岳路1351号244—246

网　　址：https://www.bdo.com.ph/cn

韩国

韩亚银行股份有限公司
KEB Hana Bank

韩亚银行股份有限公司成立于1991年,由韩亚金融集团100%控股,是韩国全国性商业银行之一。该行主要业务包括存贷款、外汇、信用卡、承兑业务、发行有价证券、投资、信托等。该行在韩国境内有724家分支机构,在中国、美国、日本、新加坡、越南、缅甸、印度等24个国家和地区设有海外分支机构。

在华机构: 韩亚银行(中国)有限公司
KEB Hana Bank (China) Company Limited

机构类别: 外商独资银行

成立时间: 2007年12月11日

电　　话: 010-66581111

地　　址: 北京市朝阳区道家园18号楼7层至11层

传　　真: 010-66220390

网　　址: www.hanabank.cn

下设分行: 北京分行、青岛分行、烟台分行、上海分行、南京分行、天津分行、沈阳分行、大连分行、长春分行、哈尔滨分行、广州分行、西安分行

韩国友利银行股份有限公司
Woori Bank

韩国友利银行股份有限公司成立于1899年，是韩国全国性商业银行之一。该行主要业务包括企业银行、中小企业银行、零售银行、私人银行、信用卡业务等领域，其中零售银行、中小企业银行为其主导业务。该行在韩国境内设有1294家营业网点，职员约有2.56万名，在海外23个国家和地区设有网点，包括12家法人机构、14家海外分行和5家事务所。

在华机构：友利银行（中国）有限公司
　　　　　　Woori Bank (China) Limited
机构类别：外商独资银行
成立时间：2007年10月22日
电　　话：010-84123000
地　　址：北京市朝阳区望京东园四区13号楼A座地上11层至12层（电梯表示层）及B座地上1层104—106室
传　　真：010-84417071
网　　址：www.wooribankchina.com
下设分行：上海分行、北京分行、深圳分行、苏州分行、天津分行、大连分行、成都分行、威海分行、重庆分行、沈阳分行

韩国国民银行股份有限公司
Kookmin Bank

韩国国民银行股份有限公司成立于1963年，主营个人金融业务、企业贷款和综合资金管理业务，同时提供私人银行业务、信托业务、年金业务、基金管理及衍生品业务。该行在中国香港、纽约、东京、奥克兰、胡志明市、伦敦、河内、古尔冈共设有8家海外分行。该行在中国、柬埔寨、缅甸设有3家法人机构。

在华机构： 国民银行（中国）有限公司
Kookmin Bank (China) Limited

机构类别： 外商独资银行

成立时间： 2012年9月24日

电　　话： 010-56712801

地　　址： 北京市朝阳区建国门外大街甲6号1幢19层

传　　真： 010-56712701

网　　址： www.kbstarchina.com

下设分行： 北京分行、广州分行、苏州分行、哈尔滨分行、上海分行

韩国中小企业银行有限公司
Industrial Bank of Korea

韩国中小企业银行成立于1961年8月,是韩国的政策性银行,其主要业务包括企业金融、创新金融、投资银行、个人金融、信用卡、资产管理、全球资金市场业务等。该行在海外有2家法人银行,分别是企业银行(中国)有限公司、IBK印度尼西亚银行(PT Bank IBK Indonesia);有9家海外分行,分别是纽约分行、东京分行、香港分行、伦敦分行、胡志明市分行、河内分行、新德里分行、马尼拉分行和金边分行;在缅甸和俄罗斯各有1家海外事务所。

在华机构: 企业银行(中国)有限公司
Industrial Bank of Korea (China) Limited

机构类别: 外商独资银行

成立时间: 2009年5月18日

电　　话: 022-58853540

地　　址: 天津市和平区南京路189号津汇广场2座30层、31层

传　　真: 022-58853598

网　　址: www.ibkcn.com

下设分行: 天津分行、青岛分行、沈阳分行、烟台分行、苏州分行、深圳分行、武汉分行、北京分行

韩国新韩银行股份有限公司
Shinhan Bank

韩国新韩银行股份有限公司成立于1982年7月7日,总部设在韩国首尔,由新韩金融集团全资控股。2006年4月,该行并购了韩国朝兴银行。该行主要业务包括吸收存款、发行有价证券、发放贷款、贴现、国际汇兑,以及信托、基金、保险、信用卡代理营销、黄金买卖及外汇衍生品相关业务等。该行在韩国境内设有919家营业网点,在全球20个国家和地区设有160家海外分支机构。

在华机构: 新韩银行(中国)有限公司
Shinhan Bank (China) Limited

机构类别: 外商独资银行

成立时间: 2008年4月22日

电　　话: 010-85290088

地　　址: 北京市朝阳区工体北路甲6号中宇大厦12层,11层1101室、1102室及1109室

传　　真: 010-85290188

网　　址: www.shinhanchina.com

下设分行: 北京分行、天津分行、青岛分行、上海分行、无锡分行、长沙分行、深圳分行、沈阳分行、重庆分行、盐城分行

韩国产业银行
The Korea Development Bank

韩国产业银行成立于1954年,是韩国的政策性银行,总部设在韩国首尔。该行业务主要包括产业资金的供给和管理、筹措产业资金、国际投资银行业务、企业重组和咨询业务、信托业务及零售金融业务等。该行在韩国境内共设有70家分行,在海外19个国家和地区共设有23家分支机构。

在华机构: 韩国产业银行上海分行
The Korea Development Bank Shanghai Branch

机构类别: 外国银行分行

成立时间: 1995年12月29日

电　话: 021-68871234

地　址: 上海市浦东新区世纪大道100号上海环球金融中心38楼3810室

传　真: 021-68775556

网　址: www.kdb.co.kr

在华机构: 韩国产业银行广州分行
The Korea Development Bank Guangzhou Branch

机构类别: 外国银行分行

成立时间: 2005年5月31日

电　话: 020-85506008

地　址: 广东省广州市珠江新城华夏路8号合景国际金融广场第32层3201房全层单元

传　真: 020-85506010

网　址: www.kdb.co.kr

在华机构：韩国产业银行北京分行
The Korea Development Bank Beijing Branch

机构类别：外国银行分行

成立时间：2008年6月10日

电　　话：010-65688858

地　　址：北京市朝阳区建国门外大街乙12号双子座大厦西塔27层

传　　真：010-65686078

网　　址：www.kdb.co.kr

在华机构：韩国产业银行沈阳分行
The Korea Development Bank Shenyang Branch

机构类别：外国银行分行

成立时间：2013年3月12日

电　　话：024-31259988

地　　址：辽宁省沈阳市和平区青年大街286号华润大厦31层02单元、03单元、05单元

传　　真：024-31255097

网　　址：www.kdb.co.kr

在华机构：韩国产业银行青岛分行
The Korea Development Bank Qingdao Branch

机构类别：外国银行分行

成立时间：2015年11月12日

电　　话：0532-82887700

地　　址：山东省青岛市市南区延安三路234号海航万邦中心写字楼43层01—06单元

传　　真：0532-82887328

网　　址：www.kdb.co.kr

韩国釜山银行股份有限公司
The Busan Bank Co., Ltd.

韩国釜山银行股份有限公司成立于1967年10月25日,总部在韩国釜山,是韩国东南经济圈(釜山、蔚山、庆南)以支持中小企业为特色的地方性银行,主要从事存贷款、结算、信用卡为主的零售银行业务。该行于1972年6月在韩国证券交易所上市。釜山银行在缅甸仰光、印度孟买、越南河内设有3家代表处,在越南胡志明市、中国青岛和南京设有分行。

在华机构:韩国釜山银行股份有限公司青岛分行
　　　　　The Busan Bank Co., Ltd. Qingdao Branch
机构类别:外国银行分行
成立时间:2012年11月15日
电　　话:0532-86679021
地　　址:山东省青岛市崂山区香港东路195号8号楼14层1403室、1404室
传　　真:0532-86679032
网　　址:www.busanbank.co.kr

在华机构:韩国釜山银行股份有限公司南京分行
　　　　　The Busan Bank Co., Ltd. Nanjing Branch
机构类别:外国银行分行
成立时间:2020年5月18日
电　　话:025-86916698
地　　址:南京经济技术开发区兴智路6号兴智科技园B栋第18层北侧
传　　真:025-86916367
网　　址:www.busanbank.co.kr

韩国大邱银行股份有限公司
The Daegu Bank Ltd.

韩国大邱银行股份有限公司成立于1967年10月。该行是韩国监管当局以加强区域经济均衡发展、提高金融服务均衡性为目的批准设立的韩国地方性银行，主要在韩国本土大邱、庆尚北道地区开展业务，提供存款、贷款、国际结算、信用卡、资金、债券、保险及衍生产品服务等。该行在韩国境内设有235家分支机构，在中国、越南、柬埔寨设有4家海外机构。

在华机构： 韩国大邱银行股份有限公司上海分行
　　　　　The Daegu Bank Ltd. Shanghai Branch
机构类别： 外国银行分行
成立时间： 2012年11月26日
电　　话： 021-62369209
地　　址： 上海市长宁区红宝石路500号东银中心B栋11层03室
传　　真： 021-62369212
网　　址： www.dgbbank.cn

韩国输出入银行
The Export-Import Bank of Korea

韩国输出入银行成立于1976年，总部位于韩国首尔，是韩国的政策性银行，也是韩国进出口贸易的官方信贷机构，主要从事对韩国企业的贷款和资金支持等业务。该行自1987年起受韩国政府委托从事韩国对发展中国家的政府贷款业务。该行在韩国境内设有13家分支机构，在英国、印度尼西亚、越南设有分行，在中国、美国、法国、印度、日本、迪拜等22个国家和地区设有代表处。

在华机构：韩国输出入银行上海代表处
The Export-Import Bank of Korea Shanghai Representative Office
机构类别：外国银行代表处
成立时间：2004年4月16日
电　　话：021-62375561
地　　址：上海市长宁区遵义路107号安泰大楼1203室
传　　真：021-62375563
网　　址：www.koreaexim.go.kr

在华机构：韩国输出入银行北京代表处
The Export-Import Bank of Korea Beijing Representative Office
机构类别：外国银行代表处
成立时间：1992年11月13日
电　　话：010-65653371
地　　址：北京市朝阳区大望京科技商务园区宏泰东街浦项中心A栋29层2901室
传　　真：010-64657116
网　　址：www.koreaexim.go.kr

韩国农协银行股份公司
NongHyup Bank

韩国农协银行股份公司的前身是1956年成立的韩国农业银行。1961年，为促进韩国农业经济发展，韩国农业银行与韩国农协合并成立了韩国农业协会联盟。2012年3月，韩国农业协会联盟将金融业务分离出去，成立了韩国农协金融控股公司，其下设立韩国农协银行股份公司。该行主要业务包括零售银行、财富管理和养老金、企业银行、投资银行和信托银行等。

在华机构：韩国农协银行股份公司北京代表处
NongHyup Bank Beijing Representative Office
机构类别：外国银行代表处
成立时间：2013年6月25日
电　　话：010-84783510
地　　址：北京市朝阳区阜通东大街6号院方恒国际A座2608室
传　　真：010-84783513
网　　址：banking.nonghyup.com

韩国光州银行股份有限公司
The Kwangju Bank Ltd.

韩国光州银行股份有限公司成立于1968年，总部在韩国光州市。该行是一家为发展韩国地方经济设立的地方性银行，主要服务于中小企业和个人。该行在中国设有代表处，在越南全资持有一家证券公司。

在华机构：韩国光州银行股份有限公司无锡代表处
The Kwangju Bank Ltd. Wuxi Representative Office

机构类别：外国银行代表处

成立时间：2017年8月9日

电　　话：0510-85382506

地　　址：江苏省无锡市新吴区和风路26号汇融商务广场C座1606—1607室

传　　真：0510-85382500

网　　址：www.kjbank.com

哈萨克斯坦

哈萨克斯坦人民储蓄银行股份公司
Joint Stock Company Halyk Savings Bank of Kazakhstan

哈萨克斯坦人民储蓄银行股份公司成立于1923年，该行业务包括零售银行、企业银行、保险、租赁、经纪和资产管理等。该行先后于1998年、2006年和2019年在哈萨克斯坦证券交易所、伦敦证券交易所和阿斯塔纳国际交易所上市。该行在哈萨克斯坦境内设有613家分支机构和办事处，并在格鲁吉亚、吉尔吉斯斯坦、俄罗斯、塔吉克斯坦和乌兹别克斯坦等国开展业务。

在华机构： 哈萨克斯坦人民储蓄银行股份公司北京代表处
Joint Stock Company Halyk Savings Bank of Kazakhstan Beijing Representative Office

机构类别： 外国银行代表处
成立时间： 1999年10月11日
电　　话： 010-65047265
地　　址： 北京市朝阳区东四环中路41号嘉泰国际大厦A座2006室
传　　真： 010-65047265
网　　址： www.halykbank.kz

卡塔尔

卡塔尔多哈银行股份有限公司
Doha Bank

卡塔尔多哈银行股份有限公司成立于1979年,是卡塔尔主要商业银行之一。该行业务主要包括批发银行业务、零售银行业务、国际银行业务和资金与投资业务。在阿联酋的阿布扎比和迪拜、科威特及印度的孟买、金奈和科钦设有分行,在中国上海和香港、英国伦敦、德国法兰克福、土耳其伊斯坦布尔、新加坡、韩国首尔、日本东京、澳大利亚悉尼、南非约翰内斯堡、加拿大多伦多、斯里兰卡科隆坡、尼泊尔加德满都和孟加拉国达卡设有代表处。

在华机构: 卡塔尔多哈银行股份有限公司上海代表处
Doha Bank Shanghai Representative Office

机构类别: 外国银行代表处

成立时间: 2007年3月2日

电　　话: 021-62798006/62798008

地　　址: 上海市南京西路1376号上海商城506B室

传　　真: 021-62798009

网　　址: www.dohabank.com

卡塔尔国民银行公众股份公司
Qatar National Bank (Q.P.S.C.)

卡塔尔国民银行公众股份公司成立于1964年，该行主要业务包括批发及商业银行业务、零售银行业务、资产及财富管理业务和国际业务。该行海外业务分布在31个国家和地区。

在华机构： 卡塔尔国民银行公众股份公司上海代表处
Qatar National Bank (Q.P.S.C.) Shanghai Representative Office

机构类别： 外国银行代表处

成立时间： 2012年12月31日

电　　话： 021-68778983

地　　址： 上海市黄浦区中山东二路600号2幢19层05单元

传　　真： 021-68778980

网　　址： www.qnb.com

科威特

科威特国民银行股份有限公司
National Bank of Kuwait S.A.K.P.

科威特国民银行股份有限公司成立于1952年。该行业务主要包括消费和个人银行业务、企业银行业务、投资银行和资产管理业务。该行在全球15个国家和地区设有150多家分支机构，海外机构分布在中国、美国、英国、法国、瑞士及中东地区。

在华机构： 科威特国民银行股份有限公司上海分行
National Bank of Kuwait S.A.K.P., Shanghai Branch

机构类别： 外国银行分行

成立时间： 2016年11月15日

电　　话： 021-80360800

地　　址： 上海市浦东新区陆家嘴环路1233号汇亚大厦1501—1502室

传　　真： 021-80360801

网　　址： https://www.nbk.com/nbk-group/about-nbk-group/our-network/china.html

马来西亚

马来亚银行有限公司
Malayan Banking Berhad

马来亚银行有限公司成立于1960年，该行提供包括银行、保险、融资租赁、投资银行、资产管理、信托及托管等各类金融服务。该行机构分布在全球18个国家和地区，包括10个东盟国家及中国、印度、沙特阿拉伯、巴基斯坦、英国、美国、乌兹别克斯坦和阿联酋。

在华机构： 马来西亚马来亚银行有限公司上海分行
Malayan Banking Berhad Shanghai Branch

机构类别： 外国银行分行

成立时间： 2000年5月8日

电　　话： 021-60287688

地　　址： 上海市浦东新区陆家嘴环路333号金砖大厦名义楼层6层03—04室

传　　真： 021-68860132

网　　址： www.maybank2u.com.my 或 www.maybank.com

在华机构： 马来西亚马来亚银行有限公司北京分行
Malayan Banking Berhad Beijing Branch

机构类别： 外国银行分行

成立时间： 2012年5月8日

电　　话： 010-85351855

地　　址： 北京市朝阳区建外大街1号国贸大厦32层02B1、03单元

传　　真： 010-85351825

网　　址： www.maybank2u.com.my 或 www.maybank.com

在华机构：马来西亚马来亚银行有限公司昆明分行
　　　　　Malayan Banking Berhad Kunming Branch

机构类别：外国银行分行

成立时间：2014年11月25日

电　　话：0871-63605300

地　　址：云南省昆明市五华区崇仁街1号东方柏丰首座商务中心东楼23层2303室、2304室

传　　真：0871-63662061

网　　址：www.maybank2u.com.my 或 www.maybank.com

在华机构：马来西亚马来亚银行有限公司深圳分行
　　　　　Malayan Banking Berhad Shenzhen Branch

机构类别：外国银行分行

成立时间：2015年12月31日

电　　话：0755-83263300

地　　址：深圳市福田区华富路1018号中航中心37层01单元、07—08单元

传　　真：0755-83257509

网　　址：www.maybank2u.com.my 或 www.maybank.com

马来西亚联昌银行股份有限公司
CIMB BANK BERHAD

马来西亚联昌银行股份有限公司成立于1972年12月30日。该行提供消费银行、商业银行、投资银行及资产管理等服务。该行机构分布在包括中国、韩国、斯里兰卡、英国等15个国家和地区。

在华机构： 马来西亚联昌银行股份有限公司上海分行
CIMB Bank Berhad Shanghai Branch

机构类别： 外国银行分行

成立时间： 2013年10月24日

电　　话： 021-20261888

地　　址： 上海陆家嘴环路1233号汇亚大厦18层1805—1807单元

传　　真： 021-20261988

网　　址： www.cimbbank.com.my

马来西亚丰隆银行有限公司
Hong Leong Bank Berhad

马来西亚丰隆银行有限公司是一家总部位于马来西亚吉隆坡的上市银行，前身为1905年成立的广利按揭和汇款公司，经多次收购重组后，于1994年更名为丰隆银行有限公司。该行主要为客户提供包括零售银行、公司银行、贸易融资、资金业务、交易银行、财富管理、投资银行等综合金融服务。

在华机构：马来西亚丰隆银行有限公司南京代表处
Hong Leong Bank Berhad Nanjing Representative Office

机构类别：外国银行代表处

成立时间：2013年6月25日

电　　话：025-86802320

地　　址：江苏省南京市建邺区庐山路188号新地中心5004室

传　　真：025-86802319

网　　址：https://www.hlb.com.my

蒙古

蒙古郭勒穆特银行有限公司
Golomt Bank LLC

蒙古郭勒穆特银行有限公司于1995年成立。该行主营业务包括存款、贷款、银行卡业务、银行担保及信用证、国内及国际结算、外汇业务、贵金属业务、债券业务、贸易融资、项目融资、金融租赁业务、保管业务等。该行在蒙古境内设有100多家分行、分理处及自助服务网点，在北京和伦敦设有代表处。

在华机构： 蒙古郭勒穆特银行有限公司北京代表处
Golomt Bank Co. Ltd. Beijing Representative Office

机构类别： 外国银行代表处

成立时间： 2004年5月13日

电　　话： 010-65033876

地　　址： 北京市朝阳区建国门外大街19号中信国际大厦1号楼第20层第E号房间

传　　真： 010-65923727

网　　址： www.golomtbank.com

孟加拉国

孟加拉国东方银行有限公司
Eastern Bank Limited

孟加拉国东方银行有限公司,于1992年8月16日在孟加拉国注册成立,总部位于孟加拉国达卡。该行主要业务包括贷款、存款、私人银行业务、现金管理等。该行在中国香港设有分支机构,在中国广州和缅甸仰光设有代表处。

在华机构: 孟加拉国东方银行广州代表处
Eastern Bank Limited Guangzhou Representative Office

机构类别: 外国银行代表处

成立时间: 2018年9月12日

电　　话: 020-88529002

地　　址: 广东省广州市天河区体育西路111号建和中心22层G单元

传　　真: 无

网　　址: https://www.ebl.com.bd

日本

三菱日联银行股份有限公司
MUFG Bank, Ltd.

三菱日联银行股份有限公司成立于1919年8月15日,总部位于日本东京,是三菱日联金融集团股份有限公司的独资子公司。该行业务范围为存贷款业务、票据贴现及汇兑交易、债务担保或票据承兑、国债、地方债、政府担保债券及其他有价证券的承销、买卖等。该行在日本境内设有营业网点565家,在亚洲、欧洲、美洲、大洋洲设有海外分支机构共110家。

在华机构: 三菱日联银行(中国)有限公司
　　　　　　MUFG Bank (China) Limited

机构类别: 外商独资银行

成立时间: 2007年6月26日

电　　话: 021-68881666

地　　址: 上海市浦东新区海阳西路399号前滩时代广场17—20楼

传　　真: 021-68881665,021-68881667

网　　址: www.bk.mufg.jp/global/globalnetwork/asiaoceania/shanghai.html

下设分行: 北京分行、天津分行、沈阳分行、上海分行、苏州分行、无锡分行、杭州分行、福州分行、武汉分行、广州分行、成都分行、大连分行、青岛分行、深圳分行

日本瑞穗银行股份有限公司
Mizuho Bank, Ltd.

  日本瑞穗银行股份有限公司是由日本瑞穗金融集团全额出资、于1923年5月7日注册成立的一家商业银行，总部位于日本东京。该行主营业务包括存款、贷款、商品有价证券买卖、有价证券投资、外汇业务、公司债承销和登记等。该行在亚洲、大洋洲、美洲、欧洲和非洲等地设有86家海外分支机构。

在华机构：瑞穗银行（中国）有限公司
     Mizuho Bank (China), Ltd.
机构类别：外商独资银行
成立时间：2007年5月17日
电　　话：021-38558888
地　　址：上海市浦东新区世纪大道100号上海环球金融中心21楼、23楼
传　　真：021-68776001
网　　址：www.mizuhogroup.com/asia-pacific/china/cn
下设分行：北京分行、天津分行、苏州分行、无锡分行、合肥分行、武汉分行、广州分行、大连分行、青岛分行、深圳分行

在华机构：日本瑞穗银行股份有限公司厦门代表处
     Mizuho Bank, Ltd.Xiamen Representative Office
机构类别：外国银行代表处
成立时间：1991年11月23日
电　　话：0592-2395571
地　　址：福建省厦门市思明区厦禾路189号2102室
传　　真：0592-2395155
网　　址：www.mizuhobank.co.jp/corporate/world/network/asia/index.html

在华机构： 日本瑞穗银行股份有限公司南京代表处
　　　　　Mizuho Bank, Ltd. Nanjing Representative Office

机构类别： 外国银行代表处

成立时间： 1996年4月4日

电　　话： 025-83329379

地　　址： 江苏省南京市鼓楼区广州路188号苏宁环球套房饭店2220室

传　　真： 025-83319355

网　　址： www.mizuhobank.co.jp/corporate/world/network/asia/index.html

日本三井住友银行股份有限公司
Sumitomo Mitsui Banking Corporation

　　三井住友银行股份有限公司总部设在日本东京，其前身是住友银行和樱花银行，两家银行均为日本全国性大型商业银行，并于2001年4月1日合并。该行在日本境内业务包括了商业银行的所有服务项目。该行在日本境内共有分行448家、海外分行19家，员工总计达28283人。

在华机构： 三井住友银行（中国）有限公司
　　　　　Sumitomo Mitsui Banking Corporation (China) Limited

机构类别： 外商独资银行

成立时间： 2009年3月30日

电　　话： 021-38609000

地　　址： 上海市浦东新区世纪大道100号上海环球金融中心11楼、12楼、13楼

传　　真： 021-38609999

网　　址： www.smbc.co.jp/global/location_oversea/china/

下设分行： 北京分行、天津分行、沈阳分行、苏州分行、杭州分行、重庆分行、广州分行、大连分行、深圳分行

日本山口银行股份有限公司
The Yamaguchi Bank, Ltd.

日本山口银行股份有限公司是日本的一家地方性银行，总部位于日本山口县下关市，前身为1878年11月成立的日本"第百十国立银行"。1944年3月，日本的百十、华浦、船城、大岛、宇部5家银行合并设立了山口银行。该行主要业务包括存款、融资、证券关联业务、年金业务、国际业务、信托业务、保险箱业务、黄金投资业务、证券中介业务、保险代理业务等。该行在中国青岛、大连，韩国釜山设有海外分行，以及在中国香港设有代表处。

在华机构：日本山口银行股份有限公司青岛分行
The Yamaguchi Bank, Ltd. Qingdao Branch

机构类别：外国银行分行

成立时间：1992年10月17日

电　　话：0532-85766222

地　　址：青岛市香港中路76号青岛颐中皇冠假日酒店办公楼2楼

传　　真：0532-85738833

网　　址：www.yamaguchibank.co.jp

在华机构：日本山口银行股份有限公司大连分行
The Yamaguchi Bank, Ltd. Dalian Branch

机构类别：外国银行分行

成立时间：1995年7月17日

电　　话：0411-83705288

地　　址：辽宁省大连市西岗区中山路147号森茂大厦14层

传　　真：0411-83705290

网　　址：www.yamaguchibank.co.jp

日本三井住友信托银行股份有限公司
Sumitomo Mitsui Trust Bank, Limited

  日本三井住友信托银行股份有限公司成立于2012年4月1日，由原住友信托银行、中央三井信托银行、中央三井资产信托银行合并成立。该行在日本境内拥有150家分支机构，在海外设有5家分行、5家代表处。该行业务主要包括个人银行业务、法人银行业务、金融市场业务、信托业务、资产管理业务、私人银行业务等。

在华机构：日本三井住友信托银行股份有限公司上海分行
     Sumitomo Mitsui Trust Bank, Limited Shanghai Branch

机构类别：外国银行分行

成立时间：2005年3月10日

电 话：021-50476661

地 址：上海市浦东新区世纪大道88号金茂大厦50楼01单元、02单元、05单元、06单元、07单元、08单元、09单元、10单元

传 真：021-50478298

网 址：www.smtb.jp

在华机构：日本三井住友信托银行股份有限公司北京代表处
     Sumitomo Mitsui Trust Bank, Limited Beijing Representative Office

机构类别：外国银行代表处

成立时间：1984年5月15日

电 话：010-65265325；010-65268593

地 址：北京市朝阳区建国门外大街26号2号楼2008室

传 真：010-65267215

网 址：www.smtb.jp

日本横滨银行股份有限公司
The Bank of Yokohama, Ltd.

　　日本横滨银行股份有限公司于1920年12月16日在日本神奈川县成立，是日本地方性银行。日本横滨银行主要为日本神奈川县及东京西南部地区的企业提供金融服务，涉及汽车制造、电视产品、高科技等行业。该行在中国上海和新加坡各设有一家海外分行，在泰国曼谷、美国纽约和中国香港分别设有代表处。

在华机构：日本横滨银行股份有限公司上海分行
　　　　　　The Bank of Yokohama, Ltd. Shanghai Branch
机构类别：外国银行分行
成立时间：2009年7月31日
电　　话：021-68776800
地　　址：上海市浦东新区世纪大道100号上海环球金融中心19层T71室
传　　真：021-68776680
网　　址：www.boy.co.jp

日本名古屋银行股份有限公司
The Bank of Nagoya, Ltd.

日本名古屋银行股份有限公司成立于1949年，总部位于日本爱知县名古屋市，是一家地方性银行，其前身为名古屋银行相互股份有限公司。1961年名古屋银行在名古屋证券交易所挂牌上市，1988年在东京证券交易所挂牌上市。该行在日本境内设有112家分支机构和1家办事处，主要分布于爱知县地区，并在岐阜县、静冈县、东京市、大阪市等地设有分支机构，海外机构有南通分行及上海代表处。

在华机构：日本名古屋银行股份有限公司南通分行
　　　　　The Bank of Nagoya, Ltd. Nantong Branch

机构类别：外国银行分行

成立时间：2011年4月1日

电　　话：0513-89192280

地　　址：江苏省南通市经济技术开发区通盛大道188号创业外包服务中心C楼2F

传　　真：0513-89192281

网　　址：https://www.meigin.com

在华机构：日本名古屋银行股份有限公司上海代表处
　　　　　The Bank of Nagoya, Ltd. Shanghai Representative Office

机构类别：外国银行代表处

成立时间：1995年2月21日

电　　话：021-62754207

地　　址：上海市长宁区延安西路2201号上海国际贸易中心1809室

传　　真：021-62759461

网　　址：https://www.meigin.com/

日本Chugoku银行股份有限公司
The Chugoku Bank, Ltd.

  日本Chugoku银行股份有限公司是日本的一家地方性商业银行，成立于1930年，总行位于日本冈山县冈山市，在日本拥有161家分支机构。该行除存款、外汇、融资等传统业务外还提供其他创新金融服务，海外机构包括香港分行及上海、新加坡、曼谷、纽约4家代表处。

在华机构：日本Chugoku银行股份有限公司上海代表处
     The Chugoku Bank, Ltd. Shanghai Representative Office
机构类别：外国银行代表处
成立时间：1996年1月31日
电　　话：021-62751988
地　　址：上海市延安西路2201号上海国际贸易中心2007室
传　　真：021-62751989
网　　址：www.chugin.co.jp

日本北陆银行股份有限公司
The Hokuriku Bank, Ltd.

日本北陆银行股份有限公司成立于1943年7月31日，是一家以日本北陆地区和北海道为中心的地方性商业银行，其主要服务对象为中小企业和个人。该行主要经营范围包括存贷款、票据贴现、外汇业务、信托业务等。该行在上海、大连、纽约、新加坡、曼谷设有5家海外代表处。

在华机构： 日本北陆银行股份有限公司上海代表处
The Hokuriku Bank, Ltd. Shanghai Representative Office

机构类别： 外国银行代表处

成立时间： 1994年7月15日

电　　话： 021-62708108

地　　址： 上海市延安西路2201号上海国际贸易中心602室

传　　真： 无

网　　址： www.hokugin.co.jp

在华机构： 日本北陆银行股份有限公司大连代表处
The Hokuriku Bank, Ltd. Dalian Representative Office

机构类别： 外国银行代表处

成立时间： 2010年10月12日

电　　话： 0411-39608018

地　　址： 辽宁省大连市西岗区中山路147号森茂大厦7楼

传　　真： 0411-39608019

网　　址： www.hokugin.co.jp

日本常阳银行股份有限公司
The Joyo Bank, Ltd.

日本常阳银行股份有限公司成立于1935年7月30日,总部位于日本茨城县水户市,主营业务有存款贷款、外汇交易及票据贴现;债务担保、汇票签署及银行业务的其他附属业务;国债、地方债、政府担保债券和有价证券的包销、募集及推销;信托业务;以及按照相关法律法规规定的银行可从事的业务。该行在日本设有153家分行和35家办事处,在上海、新加坡、纽约和河内设有4家海外代表处。

在华机构: 日本常阳银行股份有限公司上海代表处
The Joyo Bank, Ltd. Shanghai Representative Office

机构类别: 外国银行代表处

成立时间: 1996年4月4日

电　　话: 021-62090258

地　　址: 上海市长宁区延安西路2201号上海国际贸易中心1901室

传　　真: 021-62090508

网　　址: www.joyobank.co.jp

日本里索那银行股份有限公司
Resona Bank, Ltd.

　　日本里索那银行股份有限公司1918年成立于日本大阪，是日本持有信托业务执照的商业银行，2020年末资产规模列日本第四位。该行营业网点以日本关东和关西地区为主，主要业务领域包括中小企业、信托、不动产、个人业务等。该行在印度尼西亚、新加坡设有法人机构，在中国上海和香港、越南胡志明市、泰国曼谷设有代表处。

在华机构： 日本里索那银行股份有限公司上海代表处
Resona Bank, Ltd. Shanghai Representative Office

机构类别： 外国银行代表处

成立时间： 1999年6月13日

电　　话： 021-62755198

地　　址： 上海市延安西路2201号上海国际贸易中心2709室

传　　真： 021-62755229

网　　址： www.resonabank.co.jp

日本三菱日联信托银行股份有限公司
Mitsubishi UFJ Trust and Banking Corporation

日本三菱日联信托银行股份有限公司的前身为三菱信托公司,成立于1927年3月10日,2005年10月1日变更为三菱日联信托银行。该行主营信托业务和银行业务,在海外设有4家分行和1家代表处。

在华机构: 日本三菱日联信托银行股份有限公司北京代表处
Mitsubishi UFJ Trust and Banking Corporation Beijing Representative Office

机构类别: 外国银行代表处

成立时间: 1983年12月10日

电　　话: 010-65139016

地　　址: 北京市朝阳区建国门外大街甲26号长富宫办公楼304室

网　　址: www.tr.mufg.jp

日本福冈银行股份有限公司
The Bank of Fukuoka, Ltd.

日本福冈银行股份有限公司是一家股份制商业银行，成立于1945年3月，主要业务包括存贷款业务、票据贴现及外汇交易，债务担保、票据承兑及其他银行业务的附带业务，与国债、地方债、政府担保债及其他有价证券有关的承兑、募集或卖出处理及其他买卖业务，信托业务等。该行在海外设有上海、大连、香港、台北、纽约、新加坡、曼谷和胡志明市8家代表处。

在华机构：日本福冈银行股份有限公司上海代表处
The Bank of Fukuoka, Ltd. Shanghai Representative Office

机构类别：外国银行代表处

成立时间：1994年11月30日

电　　话：021-62194570

地　　址：上海市延安西路2201号上海国际贸易中心2010室

传　　真：021-62195614

网　　址：www.fukuokabank.co.jp

在华机构：日本福冈银行股份有限公司大连代表处
The Bank of Fukuoka, Ltd. Dalian Representative Office

机构类别：外国银行代表处

成立时间：1995年9月18日

电　　话：0411-82823643

地　　址：辽宁省大连市中山区人民路60号富丽华大酒店东楼622/623室

传　　真：无

网　　址：www.fukuokabank.co.jp

日本广岛银行股份有限公司
The Hiroshima Bank, Ltd.

　　日本广岛银行股份有限公司为股份制商业银行，成立于1878年11月，主要业务为存款、贷款、外汇业务、私人银行业务等。该行在海外设有4家代表处，分别为上海、曼谷、新加坡和河内代表处。

在华机构：日本广岛银行股份有限公司上海代表处
　　　　　The Hiroshima Bank, Ltd. Shanghai Representative Office
机构类别：外国银行代表处
成立时间：1995年12月25日
电　　话：021-62752755
地　　址：上海市长宁区延安西路2201号上海国际贸易中心1713室
传　　真：021-62752702
网　　址：www.hirogin.co.jp

日本静冈银行股份有限公司
The Shizuoka Bank, Ltd.

日本静冈银行股份有限公司成立于1943年，是一家日本地方性银行。该行以日本静冈县为中心提供服务，主要业务包括存款、贷款等传统银行业务。该行在日本设有204家分支机构；在海外设有6家机构，包括3家分支机构、1家其他金融机构和2家代表处。

在华机构： 日本静冈银行股份有限公司上海代表处
The Shizuoka Bank, Ltd. Shanghai Representative Office

机构类别： 外国银行代表处

成立时间： 1995年7月7日

电　　话： 021-62098115

地　　址： 上海市长宁区延安西路2201号上海国际贸易中心1813室

传　　真： 021-62098116

网　　址： www.shizuokabank.co.jp

日本农林中央金库有限公司
The Norinchukin Bank

日本农林中央金库有限公司的前身为产业组合中央金库，成立于1923年，1943年更名为农林中央金库。该行主营业务包括农协系统贷款业务、法人贷款业务、投资有价证券、存款业务、农林债券业务、结算业务等。该行在海外共设有20家分支机构及2家代表处。

在华机构： 日本农林中央金库有限公司北京代表处
The Norinchukin Bank, Beijing Representative Office

机构类别： 外国银行代表处

成立时间： 1998年9月11日

电　　话： 010-65130858

地　　址： 北京市朝阳区建国门外大街26号长富宫办公楼601室

传　　真： 010-65130859

网　　址： www.nochubank.or.jp

日本千叶银行股份有限公司
The Chiba Bank, Ltd.

日本千叶银行股份有限公司成立于1943年3月，是以日本千叶县为主要经营区域的地方性股份制商业银行。该行主要业务包括存贷款、贴现、外汇、承兑、担保、信托等。该行在日本设有183家分支机构，在中国香港、美国纽约和英国伦敦设有分行，在中国上海、新加坡和泰国曼谷设有代表处。

在华机构： 日本千叶银行股份有限公司上海代表处
The Chiba Bank, Ltd. Shanghai Representative Office

机构类别： 外国银行代表处

成立时间： 1995年8月2日

电　　话： 021-62780482

地　　址： 上海市长宁区延安西路2201号上海国际贸易中心707室

传　　真： 021-62780422

网　　址： www.chibabank.co.jp

日本山阴合同银行股份有限公司
The San-in Godo Bank, Ltd.

  日本山阴合同银行股份有限公司成立于1941年7月1日，主要业务包括存款、贷款、债务担保、票据承兑、债券业务、信托业务等。该行海外机构有上海代表处、大连代表处和曼谷代表处。

在华机构： 日本山阴合同银行股份有限公司上海代表处
The San-in Godo Bank, Ltd. Shanghai Representative Office
机构类别： 外国银行代表处
成立时间： 2003年7月2日
电　　话： 021-68411661
地　　址： 中国（上海）自由贸易试验区陆家嘴环路1000号恒生银行大厦15楼
传　　真： 无
网　　址： www.gogin.co.jp

在华机构： 日本山阴合同银行股份有限公司大连代表处
The San-in Godo Bank, Ltd. Dalian Representative Office
机构类别： 外国银行代表处
成立时间： 1997年3月24日
电　　话： 0411-83696118
地　　址： 辽宁省大连市西岗区中山路147号森茂大厦22楼
传　　真： 无
网　　址： www.gogin.co.jp

日本十六银行股份有限公司
The Juroku Bank, Ltd.

日本十六银行股份有限公司成立于1877年，在日本东京证券交易所和名古屋证券交易所上市。该行主要业务包括存款、贷款、汇兑等银行业务，主要服务于日本岐阜县、爱知县周边的中小企业客户。该行在海外设有上海、曼谷、新加坡、河内4家代表处。

在华机构： 日本十六银行股份有限公司上海代表处
The Juroku Bank, Ltd. Shanghai Representative Office

机构类别： 外国银行代表处

成立时间： 1992年11月9日

电　　话： 021-68411600

地　　址： 中国（上海）自由贸易试验区浦东新区陆家嘴环路1000号恒生银行大厦18楼022室

传　　真： 021-68411881

网　　址： www.juroku.co.jp

日本八十二银行股份有限公司
The Hachijuni Bank, Ltd.

　　日本八十二银行股份有限公司位于日本长野县，成立于1931年8月1日，是日本地方性商业银行。该行主要业务包括存贷款、票据贴现及外汇业务；债务担保、票据承兑及上述银行业务的附带业务；国债、地方债券、政府担保债券，以及其他有价证券相关承兑、募集或出售代理、买卖等。该行在日本设有151家分行，在海外设有香港分行及上海、曼谷、新加坡3家代表处。

在华机构： 日本八十二银行股份有限公司上海代表处
　　　　　　The Hachijuni Bank, Ltd. Shanghai Representative Office
机构类别： 外国银行代表处
成立时间： 2002年3月18日
电　　话： 021-68411882
地　　址： 上海市浦东新区陆家嘴环路1000号恒生银行大厦8楼
传　　真： 021-68412118
网　　址： www.82bank.co.jp

西日本城市银行股份有限公司
The Nishi-Nippon City Bank, Ltd.

西日本城市银行股份有限公司是一家股份制商业银行，成立于1944年12月1日，主要业务包括存贷款和汇款、票据贴现和承兑、债务担保、债券业务、信托业务等。该行在海外设有上海代表处、香港代表处和新加坡代表处。

在华机构： 西日本城市银行股份有限公司上海代表处
The Nishi-Nippon City Bank, Ltd. Shanghai Representative Office

机构类别： 外国银行代表处

成立时间： 1993年8月6日

电　　话： 021-62190600

地　　址： 上海市长宁区延安西路2201号2209室

传　　真： 021-62785940

网　　址： www.ncbank.co.jp

日本伊予银行股份有限公司
The Iyo Bank, Ltd.

日本伊予银行股份有限公司是一家股份制商业银行，成立于1878年3月15日，总部位于日本爱媛县。该行主要业务包括存款、贷款、有价证券买卖、有价证券投资、汇兑业务、公司债券受托，以及政府债券、公司债券募集受托、信托业务及附带业务等。该行在海外设有新加坡分行、上海代表处和香港代表处。

在华机构：日本伊予银行股份有限公司上海代表处
The Iyo Bank, Ltd. Shanghai Representative Office
机构类别：外国银行代表处
成立时间：1994年8月27日
电　　话：021-62707488
地　　址：上海市长宁区延安西路2201号国际贸易中心1603室
传　　真：021-62707268
网　　址：www.iyobank.co.jp

日本大垣共立银行股份有限公司
The Ogaki Kyoritsu Bank, Ltd.

日本大垣共立银行股份有限公司成立于1896年，总部位于日本岐阜县大垣市，是日本一家地方性商业银行，主要经营存贷款业务、外汇业务、销售国债、投资信托及保险、受托公司债业务、投资有价证券业务等。该行在中国上海和菲律宾马尼拉设有代表处，在越南河内设有咨询公司。

在华机构： 日本大垣共立银行股份有限公司上海代表处
The Ogaki Kyoritsu Bank, Ltd. Shanghai Representative Office

机构类别： 外国银行代表处

成立时间： 2002年10月15日

电　　话： 021-50472700

地　　址： 上海市浦东新区世纪大道88号金茂大厦44楼06A室

传　　真： 021-50472778

网　　址： www.okb.co.jp

日本滋贺银行有限公司
The Shiga Bank, Ltd.

　　日本滋贺银行有限公司成立于1933年10月1日，是一家以日本滋贺县为中心的地方性商业银行，主要服务群体为日本滋贺县的中小企业和个人。该行在海外设有香港分行、上海代表处和曼谷代表处。

在华机构： 日本滋贺银行有限公司上海代表处
The Shiga Bank, Ltd. Shanghai Representative Office

机构类别： 外国银行代表处

成立时间： 2003年10月9日

电　　话： 021-68415101

地　　址： 中国（上海）自由贸易试验区陆家嘴环路1000号27楼022室

传　　真： 021-68415102

网　　址： https://www.shigagin.com/

日本百五银行有限公司
The Hyakugo Bank, Ltd.

日本百五银行有限公司为日本地方性商业银行,成立于1878年11月19日,主要服务于日本三重县、爱知县等区域。该行主要业务包括储蓄、贷款、票据承兑及贴现、外汇交易、债务担保、债券信托等。该行在日本设有139家分行,在海外设有上海代表处和曼谷代表处。

在华机构: 日本百五银行有限公司上海代表处
The Hyakugo Bank, Ltd. Shanghai Representative Office

机构类别: 外国银行代表处

成立时间: 2003年10月9日

电　　话: 021-54661105

地　　址: 上海市茂名南路205号瑞金大厦1002室

传　　真: 021-54662107

网　　址: http://www.hyakugo.co.jp

日本信金中央金库有限公司
Shinkin Central Bank

日本信金中央金库有限公司是由日本全国各地的信用金库共同出资设立的金融机构，成立于1950年6月1日，从事企业存款、融资、债券投资等商业银行业务及信用金库的支援业务。信金中央金库在日本共有254家信用金库，作为信用金库业界的中央金融机构，在信用金库之间发挥了桥梁作用，同时为信用金库的海内外投资等提供各种服务。信金中央金库在伦敦和新加坡设有法人机构，并在上海、香港、曼谷、纽约设有海外代表处。

在华机构： 日本信金中央金库有限公司上海代表处
Shinkin Central Bank Shanghai Representative Office

机构类别： 外国银行代表处

成立时间： 2004年4月16日

电　　话： 021-62703091

地　　址： 上海市延安西路2201号上海国际贸易中心508室

传　　真： 021-62703095

网　　址： www.shinkin-central-bank.jp

日本北国银行有限公司
The Hokkoku Bank, Ltd.

日本北国银行有限公司于1943年12月18日在日本石川县金泽市设立，是一家日本北陆地区的地方性银行，提供个人金融服务和法人金融服务。该行在日本设有104家分行，在海外设有新加坡分行，在中国、泰国设有2家代表处。

在华机构： 日本北国银行有限公司上海代表处
The Hokkoku Bank, Ltd. Shanghai Representative Office
机构类别： 外国银行代表处
成立时间： 2004年4月16日
电　　话： 021-62798717
地　　址： 上海市静安区南京西路1376号350室
传　　真： 021-62798721
网　　址： www.hokkokubank.co.jp

日本京都银行股份有限公司
The Bank of Kyoto, Ltd.

  日本京都银行股份有限公司成立于1941年10月1日，1984年在东京证券交易所上市，总行位于日本京都府京都市下京区，主要服务该地区的企业客户。该行前身是由日本京都府北部的两丹银行、宫津银行、丹后商工银行、丹后产业银行4家银行合并后成立的丹和银行，于1951年更名为日本京都银行股份有限公司。该行在上海、大连、香港和曼谷设有海外代表处。

在华机构：日本京都银行股份有限公司上海代表处
The Bank of Kyoto, Ltd. Shanghai Representative Office

机构类别：外国银行代表处

成立时间：2004年9月1日

电　　话：021-68410575

地　　址：中国（上海）自由贸易试验区陆家嘴环路1000号恒生银行大厦18楼

传　　真：021-68411771

网　　址：www.kyotobank.co.jp

在华机构：日本京都银行股份有限公司大连代表处
The Bank of Kyoto, Ltd. Dalian Representative Office

机构类别：外国银行代表处

成立时间：2012年3月31日

电　　话：0411-39608611

地　　址：辽宁省大连市西岗区中山路147号森茂大厦21楼

传　　真：0411-39608618

网　　址：www.kyotobank.co.jp

日本肥后银行股份有限公司
The Higo Bank, Ltd.

日本肥后银行股份有限公司成立于1925年7月25日，是一家位于日本九州熊本县的商业银行。该行主要业务包括受理存款、发放贷款、票据贴现及汇兑交易，债务保证、承兑票据及其他上述银行业务所附带的业务，承接国债、地方债、政府保证债及其他有价证券的认购、募集、出售、买卖及其他业务，信托业务等。该行在海外设有上海代表处。

在华机构： 日本肥后银行股份有限公司上海代表处
The Higo Bank, Ltd. Shanghai Representative Office

机构类别： 外国银行代表处

成立时间： 2004年9月1日

电　　话： 021-63403915

地　　址： 上海市浦东新区陆家嘴环路1000号恒生银行大厦27楼143室

传　　真： 无

网　　址： www.higobank.co.jp

日本北洋银行股份有限公司
North Pacific Bank, Ltd.

  日本北洋银行股份有限公司是一家股份制商业银行，成立于1917年8月20日，主要业务有存款业务、贷款业务、商品有价证券买卖业务、有价证券投资业务、汇款业务、外汇业务、公司债受托业务等。该行在海外设有上海、大连、曼谷3家代表处。

在华机构： 日本北洋银行股份有限公司上海代表处
     North Pacific Bank, Ltd. Shanghai Representative Office

机构类别： 外国银行代表处

成立时间： 2005年3月16日

电　　话： 021-62752666

地　　址： 上海市延安西路2201号上海国际贸易中心1602室

传　　真： 021-62759566

网　　址： www.hokuyobank.co.jp

在华机构： 日本北洋银行股份有限公司大连代表处
     North Pacific Bank, Ltd. Dalian Representative Office

机构类别： 外国银行代表处

成立时间： 2005年1月28日

电　　话： 0411-83658288

地　　址： 辽宁省大连市西岗区中山路147号森茂大厦10楼

传　　真： 无

网　　址： www.hokuyobank.co.jp

日本商工组合中央金库股份有限公司
The Shoko Chukin Bank, Ltd.

日本商工组合中央金库股份有限公司是根据《日本商工组合中央金库法》于1936年成立的金融机构，主要为中小企业提供融资等金融服务，由日本政府和事业协同组合共同出资。该行在海外设有4家分支机构。

在华机构：日本商工组合中央金库股份有限公司上海代表处
The Shoko Chukin Bank, Ltd. Shanghai Representative Office

机构类别：外国银行代表处
成立时间：2005年1月28日
电　　话：021-62753860
地　　址：上海市延安西路2201号上海国际贸易中心17楼1706室
传　　真：021-62753861
网　　址：www.shokochukin.co.jp

日本七十七银行股份有限公司
The 77 Bank, Ltd.

日本七十七银行股份有限公司是一家成立于1932年1月31日的商业银行，主要业务为存款、贷款、票据贴现及外汇业务，债务担保和承兑票据及其他上述银行业务相关的附属业务，从事国债、地方债、政府担保债券及其他有价证券的兑现、发行或销售、买卖等相关业务，信托业务等。该行在海外设有上海代表处和新加坡代表处。

在华机构：日本七十七银行股份有限公司上海代表处
The 77 Bank, Ltd. Shanghai Representative Office

机构类别：外国银行代表处

成立时间：2005年3月16日

电　　话：021-68412077

地　　址：上海市浦东新区陆家嘴环路1000号恒生银行大厦16楼122室

传　　真：021-68412088

网　　址：www.77bank.co.jp

日本南都银行股份有限公司
The Nanto Bank, Ltd.

　　日本南都银行股份有限公司是日本的地方性商业银行，成立于1934年6月1日，总部位于日本奈良市。该行主要业务包括存款储蓄、贷款、票据承兑及贴现、外汇交易、债务担保、债券业务、信托业务等。该行海外机构有上海代表处和香港代表处。

在华机构： 日本南都银行股份有限公司上海代表处
　　　　　　The Nanto Bank, Ltd. Shanghai Representative Office
机构类别： 外国银行代表处
成立时间： 2005年8月20日
电　　话： 021-68412771
地　　址： 上海市浦东新区陆家嘴环路1000号恒生银行大厦16楼
传　　真： 021-68412871
网　　址： https://www.nantobank.co.jp

日本百十四银行股份有限公司
The Hyakujushi Bank, Ltd.

日本百十四银行股份有限公司成立于1878年，是一家传统商业银行，主要业务包括存款、贷款、票据贴现、外汇交易、债务担保、承兑汇票、信托业务等。该行在日本设有125家分行，在上海和新加坡设有海外代表处。

在华机构： 日本百十四银行股份有限公司上海代表处
The Hyakujushi Bank, Ltd. Shanghai Representative Office

机构类别： 外国银行代表处

成立时间： 2005年8月23日

电　　话： 021-68412114

地　　址： 上海市浦东新区陆家嘴环路1000号恒生银行大厦1412室

传　　真： 021-68414114

网　　址： www.114bank.co.jp

日本北海道银行股份有限公司
The Hokkaido Bank, Ltd.

　　日本北海道银行股份有限公司成立于1951年3月，是日本北海道地区的地方性商业银行。该行主要以为北海道当地企业提供融资为主，同时开展中小企业融资、债券、股票投资、国内汇款等业务。该行在北海道地区设有144家分支机构，在海外设有3家代表处。

在华机构： 日本北海道银行股份有限公司沈阳代表处
　　　　　　The Hokkaido Bank, Ltd. shenyang Representative Office

机构类别： 外国银行代表处

成立时间： 2006年7月17日

电　　话： 024-3185-7008

地　　址： 辽宁省沈阳市沈河区青年大街1-1号市府恒隆广场办公楼1118室

传　　真： 024-3185-7018

网　　址： https://www.hokkaidobank.co.jp/

日本池田泉州银行股份有限公司
The Senshu Ikeda Bank, Ltd.

日本池田泉州银行股份有限公司是日本一家地方性商业银行，成立于1951年9月，主要业务包括活期或定期储蓄、资金借贷、票据贴现、外汇交易，债务担保、票据承兑及前项银行业务的附带业务，国债、地方债、政府担保债等有价证券的承兑、募集、发售、交易等业务，信托业务等。该行在中国苏州和越南胡志明市各设有1家代表处。

在华机构： 日本池田泉州银行股份有限公司苏州代表处
The Senshu Ikeda Bank, Ltd. Suzhou Representative Office

机构类别： 外国银行代表处

成立时间： 2006年7月17日

电　　话： 0512-65851791

地　　址： 江苏省苏州市吴中区宝带东路399号丽丰商业中心2幢A座708—709室

传　　真： 0512-65852312

网　　址： https://www.sihd-bk.jp

日本鹿儿岛银行股份有限公司
The Kagoshima Bank, Ltd.

日本鹿儿岛银行股份有限公司成立于1944年2月1日，主要业务包括存款、贷款、票据贴现、汇兑交易、债务担保、债券业务、信托业务等。该行海外机构包括上海代表处和台北办事处。

在华机构：日本鹿儿岛银行股份有限公司上海代表处
The Kagoshima Bank, Ltd. Shanghai Representative Office

机构类别：外国银行代表处
成立时间：2007年3月28日
电　　话：021-68415185
地　　址：上海市浦东新区陆家嘴环路1000号恒生银行大厦27楼141室
传　　真：无
网　　址：www.kagin.co.jp

日本蓝天银行股份有限公司
Aozora Bank, Ltd.

　　日本蓝天银行股份有限公司成立于1957年4月,是日本的全国性商业银行,主要业务包括存贷款业务、有价证券投资业务、汇款业务、外汇业务、公司债券受托业务、信托业务等。该行在中国香港设有蓝天亚太金融有限公司,在英国伦敦设有蓝天欧洲有限公司,在美国纽约设有蓝天北美有限公司。此外,该行还设有纽约代表处、新加坡代表处和上海代表处。

在华机构： 日本蓝天银行有限公司上海代表处
　　　　　　Aozora Bank, Ltd. Shanghai Representative Office

机构类别： 外国银行代表处

成立时间： 2007年3月1日

电　　话： 021-38996288

地　　址： 上海市浦东新区陆家嘴环路1000号27楼043室

传　　真： 021-68412882

网　　址： www.aozorabank.co.jp

日本群马银行股份有限公司
The Gunma Bank, Ltd.

日本群马银行股份有限公司是日本的地方性商业银行，成立于1932年9月，总部位于日本群马县前桥市，主要业务包括存款、贷款、证券投资、国内外汇兑等。海外机构方面，该行在美国纽约设有1家分行，在中国香港设有1家分公司，在中国上海和香港、泰国曼谷及越南胡志明市分别设有代表处。

在华机构： 日本群马银行股份有限公司上海代表处
The Gunma Bank, Ltd. Shanghai Representative Office

机构类别： 外国银行代表处

成立时间： 2010年10月12日

电　　话： 021-68416288

地　　址： 上海市浦东新区陆家嘴环路1000号18楼011室

传　　真： 021-68416300

网　　址： www.gunmabank.co.jp

日本第四银行股份有限公司
The Daishi Bank, Ltd.

日本第四银行股份有限公司成立于1873年11月2日,是一家总部位于日本新潟县新潟市的地方性商业银行。该行主要向个人及企业提供储蓄、融资、资产运营等金融服务,在日本设有206家分支机构,海外设有上海代表处。

在华机构: 日本第四银行股份有限公司上海代表处
The Daishi Bank, Ltd. Shanghai Representative Office
机构类别: 外国银行代表处
成立时间: 2010年10月12日
电　话: 021-50119832
地　址: 上海市浦东新区陆家嘴环路1000号恒生银行大厦28楼
传　真: 021-50119833
网　址: www.dhbk.co.jp

沙特阿拉伯

沙特阿拉伯国家商业银行股份有限公司
The National Commercial Bank

沙特阿拉伯国家商业银行股份有限公司成立于1953年12月26日，1997年改组为股份制银行，1999年成为一家国有控股商业银行。该行在整个沙特阿拉伯地区提供个人金融服务、私人银行、商业与企业银行、交易银行、投资银行、企业融资、资本市场业务、外汇资金等金融服务。该行在沙特阿拉伯设有434家分支机构，在海外设有新加坡分行和巴林分行，在上海、首尔设有代表处。

在华机构：沙特阿拉伯国家商业银行股份有限公司上海代表处
The National Commercial Bank Shanghai Representative Office

机构类别：外国银行代表处

成立时间：2013年1月28日

电　　话：021-50875161

地　　址：上海市浦东新区世纪大道88号38楼07室

传　　真：021-50675057

网　　址：www.alahli.com

泰国

开泰银行（大众）有限公司
Kasikornbank Public Company Limited

开泰银行（大众）有限公司成立于1945年6月8日，1976年在泰国证券交易所上市。该行在泰国设有873家分行；在海外设有2家独资银行，分别是开泰银行（老挝）有限公司和开泰银行（中国）有限公司，在开曼群岛、香港和金边设有分行，在北京、昆明、东京、仰光、胡志明市、河内和雅加达设有代表处。

在华机构： 开泰银行（中国）有限公司
Kasikornbank (China) Company Limited

机构类别： 外商独资银行

成立时间： 2017年6月13日

电　　话： 0755-32995065

地　　址： 深圳市罗湖区深南东路5016号京基一百大厦A座59楼01单元及61楼01单元

传　　真： 0755-88286897

网　　址： www.kasikornbank.com.cn

下设分行： 深圳分行、上海分行、成都分行

在华机构：泰国开泰银行（大众）有限公司北京代表处
Kasikornbank Public Company Limited Beijing Representative Office

机构类别：外国银行代表处

成立时间：1995年3月24日

电　　话：010-65008333

地　　址：北京市朝阳区建国门外大街19号国际大厦22层C室

传　　真：010-65007899

网　　址：www.kasikornbank.com.cn

在华机构：泰国开泰银行（大众）有限公司昆明代表处
Kasikornbank Public Company Limited Kunming Representative Office

机构类别：外国银行代表处

成立时间：1995年6月2日

电　　话：0871-63101092

地　　址：云南省昆明市拓东路45号世博大厦27楼2708室

传　　真：无

网　　址：www.kasikornbank.com.cn

盘谷银行（大众有限公司）
Bangkok Bank Public Company Limited

盘谷银行（大众有限公司）成立于1944年12月1日，总行位于泰国曼谷。该行在中国、马来西亚、新加坡、美国等14个国家和地区设有31家子公司和海外分行。

在华机构： 盘谷银行（中国）有限公司
Bangkok Bank (China) Company Limited
机构类别： 外商独资银行
成立时间： 2009年8月31日
电　　话： 021-23290100
地　　址： 上海市黄浦区中山东一路7号2楼B区、C区，3楼，4楼
传　　真： 021-23290168
网　　址： www.bangkokbank.com.cn
下设分行： 北京分行、上海分行、重庆分行、厦门分行、深圳分行

泰京银行大众有限公司
Krung Thai Bank Public Company Limited

泰京银行（大众）有限公司成立于1966年，是由泰国政府合并两家商业银行而成立的泰国国家控股商业银行，主要股东为泰国财政部、金融机构发展基金等政府机构。1994年，泰京银行（大众）有限公司改名为泰京银行大众有限公司。除商业银行业务外，该行还为泰国政府计划提供金融服务。该行在泰国境内设有1066家分行、38个服务点，在全球设有74个商务办公中心、25个国际商务中心、52个外汇交易点。该行在海外设有8家分行、13家子公司及1家代表处。

在华机构：正信银行有限公司
　　　　　Zheng Xin Bank Co., Ltd.
机构类别：外商独资银行
成立时间：2010年1月6日
电　　话：021-63352788
地　　址：上海市黄浦区中山东一路17号大楼底层大厅及1楼、2楼
传　　真：021-63351986
网　　址：www.zxbk.com.cn

在华机构：泰国泰京银行大众有限公司昆明分行
　　　　　Krung Thai Bank Public Company Limited Kunming Branch
机构类别：外国银行分行
成立时间：1996年7月12日
电　　话：0871-63138370
地　　址：云南省昆明市五华区东风西路11号顺城东塔19楼1902室
传　　真：0871-63138367
网　　址：https://www.krungthai.com

泰国汇商银行大众有限公司
The Siam Commercial Bank Public Company Limited

泰国汇商银行大众有限公司成立于1906年1月30日，主要为个人和企业提供存汇、信贷、咨询、投行等服务。该行海外机构主要分布在新加坡、老挝、开曼群岛、越南、缅甸、柬埔寨和中国香港等国家和地区。

在华机构：泰国汇商银行大众有限公司上海分行
The Siam Commercial Bank Public Company Limited Shanghai Branch
机构类别：外国银行分行
成立时间：2018年2月2日
电　　话：021-60587777
地　　址：上海市浦东新区世纪大道100号环球金融中心74楼T15室
传　　真：021-68810880
网　　址：www.scb.co.th/en/corporate-banking

在华机构：泰国汇商银行大众有限公司北京代表处
The Siam Commercial Bank Public Company Limited Beijing Representative Office
机构类别：外国银行代表处
成立时间：2013年6月25日
电　　话：010-65994998
地　　址：北京市朝阳区建国门外大街1号（一期）16幢15楼02—03单元
传　　真：无
网　　址：www.scb.co.th/en/corporate-banking

土耳其

土耳其担保银行股份公司
Türkiye Garanti Bankası A.Ş.

土耳其担保银行股份公司成立于1946年4月20日，主要经营传统商业银行业务。该行在罗马尼亚和荷兰分别设有一家子行，在塞浦路斯和马耳他设有分行，在中国上海和德国杜塞尔多夫设有代表处。

在华机构： 土耳其担保银行股份公司上海代表处
Türkiye Garanti Bankası A.Ş. Shanghai Representative Office

机构类别： 外国银行代表处

成立时间： 1998年12月7日

电　　话： 021-58794155

地　　址： 上海市浦东新区浦东大道1号船舶大厦1304室

传　　真： 021-58793896

网　　址： www.garantibbva.com.tr

土耳其实业银行股份公司
TÜRKİYE İŞ BANKASI A.Ş.

土耳其实业银行股份公司成立于1924年,在土耳其设有1025家分行,并在海外设有22家分支机构和2家代表处。该行除经营传统商业银行业务外,还经营保险、租赁、保理、资产管理、投资银行和私募股权业务等金融业务。

在华机构: 土耳其实业银行股份公司上海代表处
TÜRKIYE İŞ BANKASI A.Ş. Shanghai Representative Office

机构类别: 外国银行代表处

成立时间: 2005年12月2日

电　　话: 021-50470882

地　　址: 上海市浦东新区世纪大道88号金茂大厦5区44楼07室

传　　真: 021-50470885

网　　址: www.isbank.com.tr

新加坡

新加坡星展银行有限公司
DBS Bank Limited

新加坡星展银行有限公司成立于1968年7月16日，总部设于新加坡，并在新加坡当地上市。该行由星展集团控股有限公司全资控股，在亚洲提供包括零售银行、中小企业及企业金融等服务。该行在全球18个国家和地区设立了280多家分行。

在华机构：星展银行（中国）有限公司
DBS Bank (China) Limited

机构类别：外商独资银行

成立时间：2007年5月18日

电　　话：021-38968888

地　　址：上海市浦东新区陆家嘴环路1318号1301单元、1701单元、1801单元

传　　真：021-38968799

网　　址：www.dbs.com.cn

下设分行：北京分行、天津分行、上海分行、苏州分行、杭州分行、广州分行、东莞分行、南宁分行、重庆分行、西安分行、青岛分行、深圳分行

大华银行有限公司
United Overseas Bank Limited

大华银行有限公司成立于1935年8月6日,在亚太、欧洲与北美的19个国家和地区设有超过500家分行及办事处。在亚洲,大华银行通过新加坡总行和在中国、印度尼西亚、马来西亚、泰国及越南的附属银行及各地分行和办事处开展金融业务。该行提供的金融服务主要包括个人银行、私人银行、商业银行、交易银行、投资银行、外汇资金、资产管理、私募股权基金及保险服务等。

在华机构: 大华银行(中国)有限公司
United Overseas Bank (China) Limited

机构类别: 外商独资银行

成立时间: 2007年12月5日

电　　话: 021-60618888

地　　址: 上海市浦东新区银城路116号、128号大华银行大厦3楼、5楼501室、13楼、15楼、16楼、17楼、18楼、19楼、20楼

传　　真: 021-68860908

网　　址: www.uobchina.com.cn

下设分行: 北京分行、天津分行、沈阳分行、上海分行、苏州分行、杭州分行、广州分行、中山分行、重庆分行、成都分行、昆明分行、厦门分行、深圳分行

印度

印度国家银行
State Bank of India

印度国家银行的历史最早可追溯到1806年成立的加尔各答银行，后来被称为孟加拉银行。1921年，孟加拉银行和另外两家银行（马德拉斯银行和孟买银行）合并组建了印度帝国银行。1955年，印度储备银行取得印度帝国银行的控股权，同年7月组建印度国家银行承继原来的印度帝国银行。该行在印度设有5家附属银行，在34个国家和地区设有233家海外机构。

在华机构： 印度国家银行上海分行
　　　　　　State Bank of India Shanghai Branch

机构类别： 外国银行分行

成立时间： 2005年12月9日

电　　话： 021-54043331

地　　址： 上海市淮海中路1010号嘉华中心4201室、4205室、4206室

传　　真： 021-54051025

网　　址： cn.statebank/home

印度爱西爱西爱银行有限公司
ICICI Bank Limited

印度爱西爱西爱银行有限公司的前身是一家于1955年在世界银行、印度政府、印度工业代表共同倡议下成立的金融机构，于1994年改制为有限公司。该行在英国和加拿大设有子公司，在中国、美国、新加坡、巴林、斯里兰卡、阿联酋、南非等国家和地区设有分行，在阿联酋、孟加拉国、马来西亚和印度尼西亚设有代表处。该行主要业务是为企业客户和个人客户提供金融服务。

在华机构： 印度爱西爱西爱银行有限公司上海分行
ICICI Bank Limited Shanghai Branch

机构类别： 外国银行分行

成立时间： 2015年3月2日

电　　话： 021-80171556

地　　址： 上海市静安区南京西路1717号2705室

传　　真： 021-80171598

网　　址： www.icicibank.com

印度尼西亚

印度尼西亚曼底利银行有限责任公司
PT Bank Mandiri (Persero) Tbk

印度尼西亚曼底利银行有限责任公司成立于1998年10月2日,目前除经营传统银行业务外,还经营保险、投资银行等业务。该行设有9家海外分支机构,分别是伦敦子行,上海分行、香港分行、开曼分行、新加坡分行、东帝汶分行、东帝汶广场分行,香港汇款处和吉隆坡汇款处。

在华机构: 印度尼西亚曼底利银行有限责任公司上海分行
PT Bank Mandiri (Persero) Tbk Shanghai Branch

机构类别: 外国银行分行

成立时间: 2011年8月5日

电　　话: 021-20332688

地　　址: 上海市浦东新区银城中路501号上海中心大厦4101室、4107室、4108室

传　　真: 021-50372747

网　　址: www.bankmandirish.com/Chinese/index.html

伊朗

伊朗德佳拉特银行（公开合股公司）
Tejarat Bank (Public Joint Stock)

伊朗德佳拉特银行成立于1980年7月19日，为公开合股公司。该行主要经营传统商业银行业务，包括对公司及个人的本外币业务，主要有存款、贷款、信用证、保函、外汇汇款、托收、外贸融资、项目融资、国际结算等。该行在法国巴黎和塔吉克斯坦杜尚别分别设有2家海外分行，在中国北京设有1家代表处。

在华机构： 伊朗德佳拉特银行北京代表处
Bank Tejarat Beijing Representative Office

机构类别： 外国银行代表处

成立时间： 2002年1月9日

电　　话： 010-84551116

地　　址： 北京市朝阳区亮马桥路50号燕莎中心写字楼C208室

传　　真： 010-84551117

网　　址： www.tejaratbank.ir

约旦

约旦阿拉伯银行公众有限公司
Arab Bank Plc.

约旦阿拉伯银行公众有限公司成立于1930年，是一家公众持股的股份有限公司，总部设在约旦安曼，其境内外600多家分支机构分布在中国、新加坡、美国、澳大利亚等28个国家和地区，并在韩国设有代表处。该行提供的产品和服务包括公司和机构银行业务、个人银行业务、资金和私人银行业务等。

在华机构： 约旦阿拉伯银行公众有限公司上海分行
Arab Bank Plc. Shanghai Branch

机构类别： 外国银行分行

成立时间： 2019年6月20日

电　　话： 021-61607700

地　　址： 上海市浦东新区世纪大道8号上海国金中心办公楼二期45楼4505—4506室

传　　真： 021-61607722

网　　址： www.arabbank.com

以色列

以色列国民银行有限公司
Bank Leumi Le-Israel B.M.

以色列国民银行有限公司是在以色列注册并受以色列银行监管的商业银行，其前身是盎格鲁巴勒斯坦公司，成立于1902年。该行业务包括企业银行、商业银行、私人银行、零售银行和国际银行等。该行在美国、英国设有子行。

在华机构：以色列国民银行有限公司上海代表处
Bank Leumi Le-Israel B.M. Shanghai Representative Office

机构类别：外国银行代表处

成立时间：2013年6月25日

电　　话：021-61003090

地　　址：上海市浦东新区陆家嘴环路1000号恒生银行大厦28楼033室

传　　真：021-61003091

网　　址：www.leumi.co.il

中国香港

香港上海汇丰银行有限公司
The Hongkong and Shanghai Banking Corporation Limited

香港上海汇丰银行有限公司是汇丰集团的创始成员，于1865年成立，在亚洲地区提供个人金融、工商金融及企业银行等金融服务。该行在中国香港以外地区设立的机构共50余家，其中在内地设有子行。

在内地机构： 汇丰银行（中国）有限公司
　　　　　　　HSBC Bank (China) Company Limited

机构类别： 港商独资银行

成立时间： 2007年3月20日

电　　话： 021-38883888

地　　址： 上海市浦东新区世纪大道8号上海国金中心汇丰大楼22楼，23楼01室、02室、06—16室、25楼01室、02室、12—16室，26楼01室、02室、06—16室、27楼01室、02室、12—16室，28楼、29楼、30楼04—08室、31楼01室、02室、05—16室，32楼、33楼01—03室、15室、16室、36楼04—12室、37楼、38楼01—08室、10—16室

传　　真： 021-23208512

网　　址： www.hsbc.com.cn

下设分行： 北京分行、福州分行、唐山分行、长春分行、上海分行、太原分行、武汉分行、成都分行、重庆分行、杭州分行、西安分行、沈阳分行、济南分行、郑州分行、合肥分行、长沙分行、南宁分行、昆明分行、南昌分行、哈尔滨分行、扬州分行、厦门分行、无锡分行、天津分行、苏州分行、深圳分行、青岛分行、宁波分行、南通分行、南京分行、广州分行、佛山分行、东莞分行、大连分行

渣打银行（香港）有限公司
Standard Chartered Bank (Hong Kong) Limited

渣打银行（香港）有限公司，于2003年在中国香港注册成立，由渣打集团有限公司100%全资持有。渣打集团自1859年在中国香港开展业务，于2004年7月将银行在香港分行的业务注入渣打银行（香港）有限公司。渣打银行（香港）有限公司提供个人金融、工商金融、企业银行、私人银行和交易银行等金融服务，在中国香港设有71家分行。

在内地机构：渣打银行（中国）有限公司
　　　　　　　Standard Chartered Bank (China) Limited

机构类别：港商独资银行

成立时间：2007年3月20日

电　　话：021-38518686

地　　址：上海市浦东新区世纪大道201号渣打银行大厦16楼、17楼2室、18楼1室、2室、3室，19楼2室、3室，22楼1室、2室、4室，23楼1室、2室，25楼1室及28楼

传　　真：021-38518450

网　　址：www.sc.com/cn

下设分行：北京分行、长沙分行、成都分行、重庆分行、大连分行、佛山分行、福州分行、广州分行、杭州分行、哈尔滨分行、呼和浩特分行、济南分行、昆明分行、南昌分行、南京分行、宁波分行、青岛分行、上海分行、沈阳分行、深圳分行、苏州分行、太原分行、天津分行、武汉分行、厦门分行、西安分行、郑州分行、珠海分行

东亚银行有限公司
The Bank of East Asia, Limited

东亚银行有限公司于1918年在中国香港成立。该行在中国香港设有64家分行、53家显卓理财中心和11家i-理财中心，在内地40个城市设有网点，在东南亚、英国和美国设有分支机构近170家。

在内地机构： 东亚银行（中国）有限公司
The Bank of East Asia (China) Limited

机构类别： 港商独资银行

成立时间： 2007年3月20日

电　　话： 021-38663866

地　　址： 上海市浦东新区花园石桥路66号23楼、25楼、26楼、27楼、28楼、37楼、38楼

传　　真： 021-38663999

网　　址： www.hkbea.com.cn

下设分行： 上海分行、北京分行、深圳分行、前海分行、厦门分行、广州分行、珠海分行、大连分行、西安分行、成都分行、杭州分行、重庆分行、青岛分行、沈阳分行、武汉分行、南京分行、天津分行、乌鲁木齐分行、合肥分行、石家庄分行、苏州分行、郑州分行、哈尔滨分行、长沙分行、昆明分行、宁波分行、济南分行、福州分行、南宁分行、南昌分行

恒生银行有限公司
Hang Seng Bank

恒生银行有限公司成立于1933年，在中国香港设有约290家网点。该行主要业务包括财富管理及个人银行、商业银行、环球银行及资本市场。该行在内地设有子行，在中国澳门及新加坡设有分行，在中国台北设有代表处。

在内地机构： 恒生银行（中国）有限公司
　　　　　　 Hang Seng Bank (China) Limited

机构类别： 港商独资银行

成立时间： 2007年5月18日

电　　话： 021-38658888

地　　址： 上海市浦东新区陆家嘴环路1000号恒生银行大厦34楼、36楼、45楼031单元及46楼

传　　真： 无

网　　址： www.hangseng.com.cn

下设分行： 北京分行、天津分行、上海分行、南京分行、杭州分行、福州分行、济南分行、广州分行、东莞分行、成都分行、昆明分行、宁波分行、厦门分行、深圳分行

华侨永亨银行有限公司
OCBC Wing Hang Bank Limited

　　华侨银行于1932年由新加坡三家华资银行合并而成。永亨银行于1937年在广州市创立，最初经营金银兑换业务，并于1960年获得银行牌照。2014年10月，永亨银行成为华侨银行全资附属机构，改名为华侨永亨银行有限公司。华侨永亨银行与其附属公司及联营机构提供全面商业银行服务及个人信贷、证券及保险等其他金融服务。该行在内地、中国香港及中国澳门设立的子行、分行及办事处总数超过70家。

在内地机构： 华侨永亨银行（中国）有限公司
　　　　　　　OCBC Wing Hang Bank (China) Limited

机构类别： 港商独资银行

成立时间： 2007年7月3日

电　　话： 40089 40089

地　　址： 上海市浦东新区源深路1155号华侨银行大厦B101、B103、B106A—C、B108—109、103、104A—C、106A—B、107—108、201—204、206—208、301—306、308、401—408、501—508

传　　真： 无

网　　址： www.ocbc.com.cn

下设分行： 北京分行、天津分行、上海分行、苏州分行、绍兴分行、珠海分行、广州分行、重庆分行、成都分行、厦门分行、青岛分行、深圳分行

南洋商业银行有限公司
Nanyang Commercial Bank

南洋商业银行有限公司于1949年12月14日在中国香港成立，1982年在深圳经济特区开设分行，并于2007年12月在内地成立全资附属公司——南洋商业银行（中国）有限公司。2016年，南洋商业银行成为中国信达资产管理股份有限公司的全资附属机构。该行为个人客户提供多项服务，包括存款、外汇、股票、基金、债券买卖、外汇及股票保证金交易、楼宇按揭、税务、私人贷款及保险等，为公司客户提供进出口押汇、贸易融资、透支、工商贷款、项目贷款及银团贷款等服务。

在内地机构：南洋商业银行（中国）有限公司
　　　　　　　Nanyang Commercial Bank (China) Limited

机构类别：港商独资银行

成立时间：2007年12月4日

电　　话：021-38566666

地　　址：上海市浦东新区世纪大道800号南洋商业银行大厦3楼、6楼至9楼（不含6楼A座）

传　　真：021-68879800

网　　址：www.ncbchina.cn

下设分行：北京分行、上海分行、苏州分行、无锡分行、杭州分行、合肥分行、武汉分行、广州分行、汕头分行、南宁分行、海口分行、成都分行、大连分行、青岛分行、深圳分行

中国工商银行（亚洲）有限公司
Industrial and Commercial Bank of China (Asia) Limited

中国工商银行（亚洲）有限公司，前身为香港友联银行有限公司，于1964年在中国香港成立，是中国香港本地系统重要性银行之一。该行业务范围包括商业银行、投资银行及证券、保险、基金等综合金融服务，经营重点为企业银行、零售银行及金融市场等业务。该行在中国香港设有57家零售网点（其中29家理财金账户中心），另设有海外分行1家，为开曼群岛分行。

在内地机构：华商银行
　　　　　　Chinese Mercantile Bank

机构类别：港商独资银行

成立时间：1993年5月28日

电　　话：0755-23825555

地　　址：广东省深圳市福田区深南大道车公庙绿景广场裙楼101—B101、102及深圳市福田区车公庙绿景纪元大厦26楼ABJ单元、30楼、31楼

传　　真：0755-23825508

网　　址：www.cmbcn.com.cn

下设分行：深圳分行、广州分行

中信银行（国际）有限公司
China CITIC Bank International

中信银行（国际）有限公司，原名为香港华人银行有限公司，于1954年12月在香港成立，2002年被收购并更名为中信嘉华银行有限公司。2010年5月，中信嘉华银行有限公司更名为中信银行国际有限公司，2012年11月更名为中信银行（国际）有限公司。该行为客户提供财富管理、个人银行、企业银行、环球市场及财资方案等金融服务。该行在香港设有27家分行及2家商务理财中心，并在澳门、纽约、洛杉矶及新加坡设有分行。

在内地机构： 中信银行国际（中国）有限公司
CITIC Bank International (China) Limited

机构类别： 港商独资银行

成立时间： 2008年2月22日

电　　话： 0755-82383838

地　　址： 广东省深圳市罗湖区深南东路5001号华润大厦6楼601—602单元、606单元及11楼1101—1103单元

传　　真： 0755-82691681

网　　址： www.cncbinternational.com

下设分行： 北京分行、上海分行

大新银行有限公司
Dah Sing Bank, Limited

大新银行有限公司于1947年在香港成立,是香港上市公司大新金融集团有限公司的主要附属公司。该行在香港有45家分行,在内地和澳门各设有一家子行。

在内地机构: 大新银行(中国)有限公司
　　　　　　Dah Sing Bank (China) Limited

机构类别: 港商独资银行

成立时间: 2008年6月10日

电　　话: 0755-25199033

地　　址: 广东省深圳市罗湖区深南东路5016号京基100大厦A座15楼(1501单元)

传　　真: 0755-82050399

网　　址: www.dahsing.com.cn

下设分行: 上海分行、广州分行、南昌分行、镇江分行

集友银行有限公司
Chiyu Banking Corporation Ltd.

　　集友银行有限公司由爱国侨领陈嘉庚先生倡办，于1947年7月15日在香港注册开业，提供全面商业银行业务。该行在中国香港设有24家分行，在内地福州市、厦门市、深圳市设有分行，其附属公司集友国际资本有限公司、集友资产管理有限公司于2018年5月获香港证监会颁发牌照，获批开展投行及资产管理业务。

在内地机构：集友银行有限公司福州分行
　　　　　　　Chiyu Banking Corporation Ltd. Fuzhou Branch

机构类别：港澳台银行分行

成立时间：1992年11月18日

电　　话：0591-28315555

地　　址：福建省福州市鼓楼区五四路118号三盛国际中心30楼、32楼、33楼

传　　真：0591-38100277

网　　址：http://www.chiyubank.com/

在内地机构：集友银行有限公司厦门分行
　　　　　　　Chiyu Banking Corporation Ltd. Xiamen Branch

机构类别：港澳台银行分行

成立时间：1985年11月8日

电　　话：0592-5856288

地　　址：福建省厦门市思明区湖滨南路90号101单元、102单元、103单元、202单元

传　　真：0592-5816588

网　　址：http://www.chiyubank.com/

在内地机构：集友银行有限公司深圳分行
　　　　　　Chiyu Banking Corporation Ltd. Shenzhen Branch

机构类别：港澳台银行分行

成立时间：2018年12月25日

电　　话：0755-36908888

地　　址：广东省深圳市福田区益田路6003号荣超商务中心A栋1楼01单元、32楼、33楼

传　　真：0755-33205969

网　　址：http://www.chiyubank.com/

创兴银行有限公司
Chong Hing Bank Limited

　　创兴银行有限公司于1948年在香港成立，1994年在香港联合交易所上市。该行及其附属公司（包括创兴证券有限公司及创兴保险有限公司）提供全面商业银行等金融服务，包括港元及外币存款、信贷、外汇交易、财富管理、投资、证券、保险等。该行在香港设有30多家分行，在内地及澳门设有分行。

在内地机构：创兴银行有限公司广州分行
　　　　　　Chong Hing Bank Limited Guangzhou Branch

机构类别：港澳台银行分行

成立时间：2016年5月4日

电　　话：020-22137988

地　　址：广东省广州市天河区珠江东路28号越秀金融大厦50楼01—16室

传　　真：020-22137999

网　　址：www.chbank.com

在内地机构：创兴银行有限公司上海分行
Chong Hing Bank Limited Shanghai Branch

机构类别：港澳台银行分行

成立时间：2019年11月15日

电　　话：021-60853000

地　　址：上海市浦东新区福山路388号越秀大厦28楼

传　　真：021-61009691

网　　址：www.chbank.com

在内地机构：创兴银行有限公司深圳分行
Chong Hing Bank Shenzhen Branch

机构类别：港澳台银行分行

成立时间：2016年11月24日

电　　话：0755-33529099

地　　址：广东省深圳市南山区科苑南路（深圳湾段）3331号阿里中心T2座，1楼17号、18号、19号铺、2楼39号铺、7楼703单元、13楼整个楼层

传　　真：0755-33529098

网　　址：www.chbank.com

在内地机构：创兴银行有限公司汕头分行
Chong Hing Bank Limited Shantou Branch

机构类别：港澳台银行分行

成立时间：1992年8月1日

电　　话：0754-88903224

地　　址：广东省汕头市金砂路162号丰泽庄蓝堡国际公寓1幢103—203号、104—204号、105—205号

传　　真：0754-88901789

网　　址：www.chbank.com

上海商业银行有限公司
Shanghai Commercial Bank Limited

上海商业银行有限公司于1950年11月在中国香港成立。该行提供零售、企业银行服务及产品，包括存款、贷款、汇款、外币兑换、信用卡、证券买卖、保险计划、环球理财服务、黄金买卖、人民币服务及押汇等。该行在英国、美国设有海外分支机构，在内地设有分行。

在内地机构：上海商业银行有限公司深圳分行
Shanghai Commercial Bank Limited Shenzhen Branch
机构类别：港澳台银行分行
成立时间：2004年6月10日
电　　话：0755-82200319
地　　址：广东省深圳市福田区中心四路1号嘉里建设广场第一座20楼01—03室
传　　真：0755-82204964/82197056
网　　址：www.m.shacombank.com.hk

在内地机构：上海商业银行有限公司上海分行
Shanghai Commercial Bank Ltd. Shanghai Branch
机构类别：港澳台银行分行
成立时间：2012年12月24日
电　　话：021-20891888
地　　址：上海市浦东新区陆家嘴东路161号上海招商局大厦913室
传　　真：021-20891811
网　　址：www.m.shacombank.com.hk

招商永隆银行有限公司
CMB Wing Lung Bank Limited

  招商永隆银行有限公司的前身是永隆银行有限公司，成立于1933年2月25日，为客户提供存款、贷款、私人银行及财富管理、投资理财、证券、信用卡、网上银行、手机银行、全球现金管理、银团贷款、企业贷款、押汇、租购贷款、汇兑、保险代理、强制性公积金等全面银行服务。该行在内地、中国香港、中国澳门及海外共设有机构网点40家。

在内地机构：招商永隆银行有限公司深圳分行
      CMB Wing Lung Bank Limited Shenzhen Branch

机构类别：港澳台银行分行

成立时间：2004年3月23日

电　　话：0755-22949368

地　　址：广东省深圳市罗湖区深南东路5016号京基一百大厦A座53楼5301单元

传　　真：0755-22949318

网　　址：www.cmbwinglungbank.com

在内地机构：招商永隆银行有限公司上海分行
      CMB Wing Lung Bank Limited Shanghai Branch

机构类别：港澳台银行分行

成立时间：2008年1月14日

电　　话：021-20357199

地　　址：上海市浦东新区世纪大道8号国际金融中心二期26楼2601—2609室

传　　真：021-68597007

网　　址：www.cmbwinglungbank.com

在内地机构：招商永隆银行有限公司广州分行
CMB Wing Lung Bank Limited Guangzhou Branch

机构类别：港澳台银行分行

成立时间：2015年9月6日

电　　话：020-38950078

地　　址：广东省广州市天河区珠江西路5号广州国际金融中心4202室、4203室、4204室、4205室、4206室自编A单元

传　　真：020-38950093

网　　址：www.cmbwinglungbank.com

大众银行（香港）有限公司
Public Bank (Hong Kong) Ltd.

大众银行（香港）有限公司原名为亚洲商业银行有限公司。2006年5月，马来西亚大众银行通过其控股的大众金融控股有限公司，收购亚洲商业银行全部股份，并将其更名为大众银行（香港）有限公司。该行在中国香港设有32家分行，同时在内地设有分行。

在内地机构：大众银行（香港）有限公司深圳分行
Public Bank (Hong Kong) Ltd. Shenzhen Branch

机构类别：港澳台银行分行

成立时间：1993年2月19日

电　　话：0755-25182861

地　　址：广东省深圳市罗湖区人民南路佳宁娜友谊广场首层01号及佳宁娜友谊广场B座2406室

传　　真：0755-25182255

网　　址：www.publicbank.com.hk

在内地机构： 大众银行（香港）有限公司上海代表处
Public Bank (Hong Kong) Ltd. Shanghai Representative Office
机构类别： 港澳台银行代表处
成立时间： 1996年1月31日
电　　话： 021-58878851
地　　址： 上海市浦东新区浦东南路379号金穗大厦24楼IJ座
传　　真： 021-58879951
网　　址： www.publicbank.com.hk

在内地机构： 大众银行（香港）有限公司沈阳代表处
Public Bank (Hong Kong) Ltd. Shenyang Representative Office
机构类别： 港澳台银行代表处
成立时间： 1993年7月27日
电　　话： 024-22791368
地　　址： 辽宁省沈阳市沈河区市府大路262甲号2907B室
传　　真： 024-22791369
网　　址： www.publicbank.com.hk

富邦银行（香港）有限公司
Fubon Bank (Hong Kong) Limited

富邦银行（香港）有限公司是中国台湾富邦金融控股股份有限公司的附属子公司，前身为1982年成立的新鸿基银行（后更名为港基国际银行）。2005年，原港基国际银行更名为富邦银行（香港）有限公司。富邦银行（香港）有限公司主要业务包括零售及商业银行、财富管理、金融市场、证券及投资服务。该行在中国香港设有17家分行和1家证券投资服务中心。

在内地机构：富邦银行（香港）有限公司东莞代表处
　　　　　　Fubon Bank (Hong Kong) Limited Dongguan Representative Office

机构类别：港澳台银行代表处

成立时间：2009年9月10日

电　　话：14714339018

地　　址：广东省东莞市南城区元美西路8号华凯广场A栋1209室

传　　真：无

网　　址：www.fubonbank.com.hk

中国澳门

澳门国际银行股份有限公司
Luso International Banking Limited

澳门国际银行股份有限公司于1974年在中国澳门注册成立。1975年泛印投资（香港）有限公司收购该行。1985年泛印集团（于1988年改名为闽信集团）与中国工商银行、福建投资企业公司（华福公司）及厦门经济特区建设发展集团有限公司共同组建成立厦门国际银行，并将该行作为外方资产注入厦门国际银行，澳门国际银行成为厦门国际银行的附属公司。该行主营业务包括公司银行业务、零售银行业务和金融市场业务。

在内地机构： 澳门国际银行股份有限公司广州分行
Luso International Banking Limited Guangzhou Branch

机构类别： 港澳台银行分行

成立时间： 2017年3月17日

电　　话： 020-28089999

地　　址： 广东省广州市天河区珠江新城华夏路8号合景国际金融广场1楼104室、34楼3401室、35楼3501室

传　　真： 020-28089997

网　　址： www.lusobank.com.cn

在内地机构：澳门国际银行股份有限公司杭州分行
Luso International Banking Limited Hangzhou Branch

机构类别：港澳台银行分行

成立时间：2019年9月18日

电　　话：0571-26208888

地　　址：浙江省杭州市江干区高德置地中心1幢2906室、3幢101室-101

传　　真：0571-28295888

网　　址：www.lusobank.com.mo

在内地机构：澳门国际银行股份有限公司（珠海）横琴代表处
Luso International Banking Limited (Zhuhai) Hengqin Representative Office

机构类别：港澳台银行代表处

成立时间：2013年12月31日

电　　话：0756-2992506

地　　址：广东省珠海市横琴新区港澳大道88号横琴总部大厦2906室

传　　真：0756-2992506

网　　址：www.lusobank.com.mo

大西洋银行股份有限公司
Banco Nacional Ultramarino S.A.

大西洋银行股份有限公司成立于1902年9月20日,为个人和企业提供存贷款、信用卡、保险等服务。该行是葡萄牙储蓄信贷银行集团附属机构。

在内地机构: 大西洋银行股份有限公司广东自贸试验区横琴分行
Banco Nacional Ultramarino, S.A. Guangdong Pilot Free Trade Zone Hengqin Branch

机构类别: 港澳台银行分行

成立时间: 2016年11月25日

电　　话: 0756-8868301/8868302

地　　址: 广东省珠海市横琴新区港澳大道88号横琴总部大厦2栋3001室

传　　真: 0756-8868109

网　　址: www.bnu.com.mo

在内地机构: 大西洋银行股份有限公司上海代表处
Banco Nacional Ultramarino, S.A. Shanghai Representative Office

机构类别: 港澳台银行代表处

成立时间: 2006年2月16日

电　　话: 021-68888525

地　　址: 上海市静安区延安西路65号上海国际贵都大饭店办公楼601室

传　　真: 021-68888535

网　　址: www.bnu.com.mo

大丰银行股份有限公司
Tai Fung Bank Limited

大丰银行股份有限公司前身为成立于1942年的大丰银号,并于1972年正式获批成立大丰银行有限公司,成为中国澳门第一家当地注册银行。该行主要经营个人及公司客户的存款、贷款、贸易融资、汇款、外币兑换、保管箱、信用卡、保险等传统金融业务。

在内地机构: 大丰银行股份有限公司上海分行
Tai Fung Bank Limited Shanghai Branch

机构类别: 港澳台银行分行

成立时间: 2017年6月8日

电　　话: 021-53218626

地　　址: 上海市黄浦区中山东一路23号4楼401—404室、406室、408A室

传　　真: 021-53218601

网　　址: www.taifungbank.com

澳门华人银行股份有限公司
The Macau Chinese Bank Limited

澳门华人银行于1995年7月在澳门成立,是一家拥有全能银行牌照的本土商业银行,提供存贷款、投资理财、贸易结算等金融业务。

在内地机构:澳门华人银行股份有限公司广州代表处
The Macau Chinese Bank Limited Guangzhou Representative Office

机构类别:港澳台银行代表处
成立时间:2019年6月5日
电　　话:020-31652604
地　　址:广东省广州市越秀区广州大道中307号3209室
传　　真:无
网　　址:www.mcb.com.mo

中国台湾

台北富邦商业银行股份有限公司
Taipei Fubon Commercial Bank Co., Ltd.

台北富邦商业银行股份有限公司为富邦金控独资子公司，由原台北银行及原富邦银行于2005年1月合并而成，是中国台湾大型商业银行之一。该行业务范围包括法人金融、个人金融、财富管理、信用卡、财务金融、信托、公库金融等。该行在台湾地区设有分行134家；在台湾以外地区设有分行5家，分别为香港分行、河内分行、胡志明市分行、平阳分行、新加坡分行；办事处1家，为印度尼西亚雅加达代表办事处。

在大陆机构： 富邦华一银行有限公司
Fubon Bank (China) Limited

机构类别： 台商独资银行

成立时间： 1997年1月24日

电　　话： 021-20619888

地　　址： 上海市世纪大道1168号A座1楼101室、18楼、19楼及20楼

传　　真： 021-58409900

网　　址： www.fubonchina.com

下设分行： 北京分行、天津分行、南京分行、苏州分行、武汉分行、广州分行、重庆分行、成都分行、西安分行、宁波分行、深圳分行

国泰世华商业银行股份有限公司
Cathay United Bank Co., Ltd.

国泰世华商业银行股份有限公司成立于1975年,在台湾地区共有165家分行,提供全面金融服务,包括财富管理、消费金融、数字金融、企业金融、国际金融、私人银行、信托投资等。该行在新加坡、马来西亚、泰国、菲律宾、印度尼西亚、越南、老挝、缅甸、柬埔寨设有海外机构。

在大陆机构:国泰世华银行(中国)有限公司
Cathay United Bank (China) Ltd.

机构类别:台商独资银行

成立时间:2018年6月11日

电　话:021-68863785

地　址:上海市浦东新区陆家嘴环路1366号富士康大厦8楼01—03单元、15楼01单元及04B单元

传　真:021-68863787

网　址:www.cathaybk.com.cn

下设分行:上海分行、青岛分行、深圳分行

彰化商业银行股份有限公司
Chang Hwa Commercial Bank, Ltd.

彰化商业银行股份有限公司1905年6月5日设立于台湾彰化，1910年将总行迁至台中。1962年该行在台湾证券交易所上市，1998年1月1日由公营改制为民营。该行提供存贷款、投资债券和公司股票、票据贴现、汇兑和承兑、信用证等全面金融服务，在台湾以外地区设有香港分行、纽约分行、洛杉矶分行、东京分行、伦敦分行、新加坡分行、马尼拉分行以及仰光代表处，在大陆设有子行。

在大陆机构：彰银商业银行有限公司
Chang Hua Commercial Bank, Ltd.

机构类别：台商独资银行

成立时间：2018年5月28日

电　　话：025-88811000

地　　址：江苏省南京市建邺区江东中路371号金融城11号楼

传　　真：025-85300172

网　　址：www.bankchanghwa.com.cn

下设分行：昆山分行、东莞分行、福州分行、南京分行

玉山商业银行股份有限公司
E.SUN Commercial Bank, Ltd.

玉山商业银行股份有限公司成立于1992年，是玉山金融控股公司的全资子公司。该行在台湾地区设有139家分行、13家企业金融中心、2家环球金融中心、16家消费金融中心，在台湾以外地区设有8家分行（香港、新加坡、洛杉矶、悉尼、布里斯班、东京、同奈、仰光），在大陆和柬埔寨设有子行，在越南河内设有代表处。

在大陆机构：玉山银行（中国）有限公司
　　　　　　　E.SUN Bank (China) Company, Ltd.

机构类别：台商独资银行

成立时间：2016年1月6日

电　　话：0755-88981313

地　　址：广东省深圳市前海深港合作区梦海大道5033号卓越前海壹号31楼

传　　真：0755-23805813

网　　址：https://www.esunbank.com.tw/bank/corporate/overseas-branch/overseas-branch

下设分行：深圳分行、东莞分行、广州分行

永丰商业银行股份有限公司
Bank SinoPac Co., Ltd.

　　永丰商业银行股份有限公司为永丰金控全资持股子公司，2006年11月13日由永丰金控旗下的建华银行与台北国际商业银行合并而成。该行主要业务范围包括法人金融、个人金融、财富管理、财务金融、电子金融等；在中国台湾地区设有125家分行，在台湾以外地区设有香港分行、九龙分行、澳门分行、洛杉矶分行、胡志明市分行及位于河内的越南代表办事处，在大陆设有子行。

在大陆机构： 永丰银行（中国）有限公司
　　　　　　　Bank SinoPac (China) Ltd.

机构类别： 台商独资银行

成立时间： 2013年12月16日

电　　话： 025-88866000

地　　址： 江苏省南京市建邺区庐山路248号4号楼3501室、3601室

传　　真： 025-88866088

网　　址： http://bank.sinopac.com.cn

下设分行： 上海分行、广州分行、成都分行、南京分行

合作金库商业银行股份有限公司
Taiwan Cooperative Bank

合作金库商业银行股份有限公司成立于1946年10月5日，由台湾产业金库改组而成，总部位于台北市。该行业务范围包括存款、贷款、外汇、国际金融、投资、信托、信用卡、电子金融业务、财富管理业务及各种代理服务。该行子公司为台湾联合银行，在台湾以外地区设立了马尼拉分行、洛杉矶分行、西雅图分行、纽约分行、悉尼分行、墨尔本分行、金边分支行、永珍分行、仰光代表办事处。

在大陆机构：合作金库商业银行股份有限公司苏州分行
Taiwan Cooperative Bank Suzhou Branch

机构类别：港澳台银行分行

成立时间：2010年12月17日

电　　话：0512-62953336

地　　址：江苏省苏州市工业园区华池街圆融时代广场24幢1601室

传　　真：0512-62955335

网　　址：http://www.tcb-bank.com.tw/Pages/Home.aspx

在大陆机构：合作金库商业银行股份有限公司长沙分行
Taiwan Cooperative Bank Changsha Branch

机构类别：港澳台银行分行

成立时间：2017年4月13日

电　　话：0731-88232259

地　　址：湖南省长沙市开福区芙蓉中路一段416号泊富国际广场写字楼28楼021—023单元

传　　真：0731-88232279

网　　址：http://www.tcb-bank.com.tw/Pages/Home.aspx

在大陆机构： 合作金库商业银行股份有限公司福州分行
Taiwan Cooperative Bank Fuzhou Branch

机构类别： 港澳台银行分行

成立时间： 2014年12月23日

电　　话： 0591-86320069

地　　址： 福建省福州市台江区光明南路1号升龙汇金中心26楼2608室

传　　真： 0591-86320109

网　　址： http://www.tcb-bank.com.tw/Pages/Home.aspx

在大陆机构： 合作金库商业银行股份有限公司天津分行
Taiwan Cooperative Bank Tianjin Branch

机构类别： 港澳台银行分行

成立时间： 2014年7月1日

电　　话： 022-58526999

地　　址： 天津市和平区滨江道一号金之谷大厦1号楼1801室、1802室、1803室、1804室、1807室

传　　真： 022-59956022

网　　址： http://www.tcb-bank.com.tw/Pages/Home.aspx

在大陆机构：合作金库商业银行股份有限公司北京代表处
　　　　　　Taiwan Cooperative Bank Beijing Representative Office

机构类别：港澳台银行代表处

成立时间：2002年9月12日

电　　话：010-65188173

地　　址：北京市朝阳区建国门外大街甲24号东海中心507室

传　　真：010-65188172

网　　址：www.tcb-bank.com.tw/Pages/Home.aspx

华南商业银行股份有限公司
Hua Nan Commercial Bank, Ltd.

　　华南商业银行股份有限公司设立于1919年，总部位于台北市，于1998年1月完成民营化，现为华南金融控股股份有限公司的全资子公司。该行在中国台湾地区共有分行186家，另有国际金融业务分行1家，在台湾以外地区设有分支机构13家及越南河内、缅甸仰光2家办事处。

在大陆机构：华南商业银行股份有限公司深圳分行
　　　　　　Hua Nan Commercial Bank, Ltd. Shenzhen Branch

机构类别：港澳台银行分行

成立时间：2011年1月10日

电　　话：0755-25832208

地　　址：广东省深圳市福田区中心四路1号嘉里建设广场第1座18楼03—04单元

传　　真：0755-25832218/25832398

网　　址：https://www.hncb.com.tw/wps/portal/oversea/shenzhen

在大陆机构：华南商业银行股份有限公司上海分行
Hua Nan Commercial Bank, Ltd. Shanghai Branch

机构类别：港澳台银行分行

成立时间：2014年12月2日

电　　话：021-60100855

地　　址：上海市静安区南京西路1788号35楼03单元和04单元

传　　真：021-60100851

网　　址：www.hncb.com.tw

在大陆机构：华南商业银行股份有限公司福州分行
Hua Nan Commercial Bank, Ltd. Fuzhou Branch

机构类别：港澳台银行分行

成立时间：2015年4月14日

电　　话：0591-28301688

地　　址：福建省福州市台江区光明南路1号升龙汇金中心28楼2808室

传　　真：0591-28301500

网　　址：www.hncb.com.tw

兆丰国际商业银行股份有限公司
Mega International Commercial Bank Co., Ltd.

兆丰国际商业银行股份有限公司成立于2006年8月21日，总部位于台北市。该行业务范围包括存款、贷款、外汇、国际金融、短期票券、保管箱、ATM、银行卡、电子银行、消费金融、财富管理、投资银行、直接投资及各项代理业务等。该行为台湾地区美元、欧元清算银行，可办理人民币现钞买卖业务。该行在台湾以外地区设立了纽约、芝加哥、洛杉矶、硅谷、巴拿马、巴黎、阿姆斯特丹、伦敦、东京、大阪、马尼拉、胡志明市、金边、新加坡、纳闽、悉尼、布里斯班、墨尔本、多伦多、温哥华分行，以及仰光、孟买代表处和吉隆坡营销办事处。

在大陆机构： 兆丰国际商业银行股份有限公司苏州分行
Mega International Commercial Bank Co., Ltd. Suzhou Branch

机构类别： 港澳台银行分行

成立时间： 2012年6月13日

电　　话： 0512-62966568

地　　址： 江苏省苏州市工业园区旺墩路188号建屋大厦104室

传　　真： 0512-62966698

网　　址： https://www.megabank.com.tw/abroad/suzhou/zh-tw

在大陆机构： 兆丰国际商业银行股份有限公司宁波分行
Mega International Commercial Bank Co., Ltd. Ningbo Branch

机构类别： 港澳台银行分行

成立时间： 2015年4月27日

电　　话： 0574-87283939

地　　址： 浙江省宁波市鄞州区中山东路1880号

传　　真： 0574-87283737

网　　址： https://www.megabank.com.tw/abroad/ningbo/zh-tw

第一商业银行股份有限公司
First Commercial Bank Co., Ltd.

第一商业银行股份有限公司成立于1899年11月26日，原名为台湾储蓄银行。1911年台湾储蓄银行与台湾商工银行合并，1923年再分别并入嘉义银行、新高银行，1947年更名为台湾工商银行，1976年1月起更名为第一商业银行。2003年1月，该行通过股份转换成为第一金融控股股份有限公司的全资子公司，经营法人金融业务、个人金融业务、国际业务及金融市场业务等，在台湾地区有188家分行，在台湾以外地区共有29家分支行、3家办事处和1家美国子行。

在大陆机构：第一商业银行股份有限公司上海分行
First Commercial Bank Co., Ltd. Shanghai Branch

机构类别：港澳台银行分行

成立时间：2010年12月17日

电　　话：021-22270611

地　　址：上海市长宁区荣华东道86-90号（双）（西部）2楼

传　　真：021-32098078

网　　址：www.firstbank.com.tw

在大陆机构：第一商业银行股份有限公司成都分行
First Commercial Bank Co., Ltd. Chengdu Branch

机构类别：港澳台银行分行

成立时间：2014年8月5日

电　　话：028-86586311

地　　址：四川省成都市锦江区红星路三段1号国际金融中心1号办公楼16楼单元1号、9号、10号

传　　真：028-86586312

网　　址：www.firstbank.com.tw

在大陆机构：第一商业银行股份有限公司厦门分行
　　　　　　　First Commercial Bank Co., Ltd. Xiamen Branch
机构类别：港澳台银行分行
成立时间：2015年4月9日
电　　话：0592-8169111
地　　址：福建省厦门市思明区鹭江道8号国际银行大厦30楼E单元、F单元、G单元、H单元
传　　真：0592-2260900
网　　址：www.firstbank.com.tw

台湾土地银行股份有限公司
Land Bank of Taiwan Co., Ltd.

台湾土地银行股份有限公司成立于1946年9月1日，于2004年5月21日改制为股份有限公司。该行以不动产业务为专业特色，经营个人金融、企业金融、外汇、信托、证券及财富管理等业务。该行在台湾地区设有分支机构152家，在台湾以外地区设有7家分行及1家办事处。

在大陆机构： 台湾土地银行股份有限公司上海分行
Land Bank of Taiwan Co., Ltd. Shanghai Branch

机构类别： 港澳台银行分行

成立时间： 2010年12月17日

电　　话： 021-50372495

地　　址： 上海市浦东新区富城路99号震旦国际大楼1703—1704室

传　　真： 021-50372497

网　　址： www.landbank.com.tw

在大陆机构： 台湾土地银行股份有限公司天津分行
Land Bank of Taiwan Co., Ltd. Tianjin Branch

机构类别： 港澳台银行分行

成立时间： 2014年7月1日

电　　话： 022-28371115

地　　址： 天津市河西区增进道28号鑫银大厦3701—3702室

传　　真： 022-28371113

网　　址： www.landbank.com.tw

在大陆机构：台湾土地银行股份有限公司武汉分行
　　　　　　Land Bank of Taiwan Co., Ltd. Wuhan Branch
机构类别：港澳台银行分行
成立时间：2015年11月9日
电　　话：027-59606939
地　　址：湖北省武汉市武昌区积玉桥临江大道96号万达中心41楼01—03单元、09—12单元
传　　真：027-59606936
网　　址：www.landbank.com.tw

台湾银行股份有限公司
Bank of Taiwan

　　台湾银行股份有限公司成立于1946年5月20日，2003年改制为股份有限公司，2008年1月以股份转换方式成为台湾金融控股公司全资子公司。该行除办理一般商业银行的存款、贷款、外汇、财务投资、财富管理等业务外，还开办黄金、公教保险、新台币券币调拨、公库等特殊性业务。该行在台湾以外地区设有分支机构21家。

在大陆机构：台湾银行股份有限公司上海分行
　　　　　　Bank of Taiwan Shanghai Branch
机构类别：港澳台银行分行
成立时间：2012年7月2日
电　　话：021-32569900
地　　址：上海市静安区南京西路1788号30楼
传　　真：021-32569477
网　　址：ebank.botbk.com.cn

在大陆机构：台湾银行股份有限公司广州分行
Bank of Taiwan Guangzhou Branch

机构类别：港澳台银行分行

成立时间：2015年8月10日

电　　话：020-83673000

地　　址：广东省广州市天河区珠江西路5号广州国际金融中心主塔写字楼2404单元、2405单元、2406单元

传　　真：020-88831933

网　　址：ebank.botbk.com.cn

在大陆机构：台湾银行股份有限公司福州分行
Bank of Taiwan Fuzhou Branch

机构类别：港澳台银行分行

成立时间：2016年5月19日

电　　话：0591-83613189

地　　址：福建省福州市台江区光明南路1号升龙汇金中心39楼3908室

传　　真：0591-28301020

网　　址：ebank.botbk.com.cn

中国信托商业银行股份有限公司
CTBC Bank Co., Ltd.

中国信托商业银行股份有限公司成立于1966年，是台湾地区的民营银行，为中国信托金融控股公司全资子公司。该行主要业务包括法人金融、资本市场与国际事业、个人金融业务等，在台湾地区设有152家分行，在台湾以外地区设有116家分支机构。

在大陆机构： 中国信托商业银行股份有限公司上海分行
CTBC Bank Co., Ltd. Shanghai Branch

机 构 类 别：港澳台银行分行

成 立 时 间：2012年2月27日

电　　话：021-20805888

地　　址：上海市浦东新区世纪大道100号上海环球金融中心27楼T70室

传　　真：021-68778788

网　　址：www.ctbcbank.com

在大陆机构： 中国信托商业银行股份有限公司广州分行
CTBC Bank Co. Ltd., Guangzhou Branch

机 构 类 别：港澳台银行分行

成 立 时 间：2015年7月27日

电　　话：020-38560388

地　　址：广东省广州市天河区华夏路8号601室

传　　真：020-38560333

网　　址：www.ctbcbank.com

在大陆机构：中国信托商业银行股份有限公司厦门分行
CTBC Bank Co., Ltd. Xiamen Branch

机构类别：港澳台银行分行

成立时间：2016年6月6日

电　　话：0592-5669686

地　　址：中国（福建）自由贸易试验区厦门片区东港北路29号港航大厦29楼

传　　真：0592-5668738

网　　址：www.ctbcbank.com

在大陆机构：中国信托商业银行股份有限公司深圳分行
CTBC Bank Co., Ltd. Shenzhen Branch

机构类别：港澳台银行分行

成立时间：2018年12月25日

电　　话：0755-25767999

地　　址：深圳市福田区福田街道中心四路1号嘉里建设广场401A、402A2b

传　　真：0755-25767900

网　　址：www.ctbcbank.com

在大陆机构：中国信托商业银行股份有限公司北京代表处
CTBC Bank Co., Ltd. Beijing Representative Office

机构类别：港澳台银行代表处

成立时间：2002年12月17日

电　　话：010-65813700

地　　址：北京市朝阳区光华路甲8号和乔大厦B111室

传　　真：010-65815701

网　　址：www.ctbcbank.com

台湾中小企业银行股份有限公司
Taiwan Business Bank, Ltd.

台湾中小企业银行股份有限公司原为民间合会储蓄组织，于1976年改制为股份有限公司。该行业务范围包括企业金融业务、个人金融业务、存款业务、电子金融业务等，在台湾地区设有分支机构125家，在台湾以外地区设有8家分行和1家代表处。

在大陆机构：台湾中小企业银行股份有限公司上海分行
　　　　　　Taiwan Business Bank, Ltd. Shanghai Branch
机构类别：港澳台银行分行
成立时间：2013年8月2日
电　　话：021-62627171
地　　址：上海市长宁区凯旋路399号龙之梦雅仕大厦38楼3803室、3805室、3806室
传　　真：021-62627077
网　　址：www.tbb.com.tw

在大陆机构：台湾中小企业银行股份有限公司武汉分行
　　　　　　Taiwan Business Bank, Ltd. Wuhan Branch
机构类别：港澳台银行分行
成立时间：2015年12月22日
电　　话：027-59817171
地　　址：湖北省武汉市武昌区中北路108号附2号楼17楼
传　　真：027-59813001
网　　址：www.tbb.com.tw

上海商业储蓄银行股份有限公司
The Shanghai Commercial&Savings Bank, Ltd.

上海商业储蓄银行股份有限公司于1915年成立于上海，1954年在中国台湾地区重新注册登记，1965年正式恢复营业，2018年在台湾证券交易所上市。该行以企业金融为核心业务，主要业务包括短中长期融资、保证、承兑、应收账款承购、进出口外汇业务、远期外汇、境外授信金融、联合贷款等。该行在台湾地区设有72家分行；在台湾以外地区设有无锡分行、香港分行、越南分行和新加坡分行，另设有泰国曼谷、柬埔寨金边、印度尼西亚雅加达3个办事处。

在大陆机构：上海商业储蓄银行股份有限公司无锡分行
The Shanghai Commercial & Savings Bank, Ltd. Wuxi Branch

机构类别：港澳台银行分行

成立时间：2020年9月14日

电　　话：0510-81157111

地　　址：江苏省无锡市新吴区龙山路2-18-104及2-18-210

传　　真：0510-85210625

网　　址：https://www.scsb.com.tw

台新国际商业银行股份有限公司
Taishin International Bank Co., Ltd.

台新国际商业银行股份有限公司成立于1992年，总部位于台北市。该行主营业务包括存款、贷款、信用卡、投资商品及保险、企业融资、金融商品、本外币兑换及支付结算、人民币业务、资本市场业务、股票代理及信托业务等。

在大陆机构： 台新国际商业银行股份有限公司上海代表处
Taishin International Bank Co., Ltd. Shanghai Representative Office

机构类别： 港澳台银行代表处

成立时间： 2020年4月20日

电　　话： 021-50380398

地　　址： 上海市浦东新区陆家嘴环路1000号5楼05-122室

传　　真： 021-50386056

网　　址： www.taishinbank.com.tw

王道商业银行股份有限公司
O-Bank Co., Ltd.

王道商业银行股份有限公司前身为台湾工业银行，成立于1999年9月，2017年更名为王道商业银行，是台湾地区上市公司。王道商业银行主要业务包括企业金融和个人金融，其中：企业金融业务包括企业金融、环贸金融、财务金融、证券化与信托等，个人金融业务包括存贷款、投资理财等。该行在台湾以外地区设有天津代表处，香港分行，华信银行（美国子行，100%持股），台骏国际租赁公司（100%持股）、北京阳光消费金融公司（参股20%）。

在大陆机构： 王道商业银行股份有限公司天津代表处
O-Bank Co., Ltd. Tianjin Representative Office

机构类别： 港澳台银行代表处

成立时间： 2011年10月14日

电　　话： 022-58308000

地　　址： 天津市和平区大沽路、兴安路交口西北侧大沽北路2号津塔写字楼4010单元

传　　真： 022-58308130

网　　址： www.o-bank.com

非洲

埃及	摩洛哥
加纳	南非
喀麦隆	尼日利亚

埃及

埃及国民银行股份公司
National Bank of Egypt

埃及国民银行股份公司成立于1898年6月25日,由埃及中央政府100%控股。该行主营业务包括存贷款、贸易融资、企业金融、房地产贷款、风险投资、证券经纪、金融租赁等。该行海外机构包括埃及国民银行(英国)有限公司、埃及国民银行喀土穆(苏丹)、埃及国民银行(迪拜国际金融中心)、纽约分行和上海分行,以及3家代表处(南非约翰内斯堡、阿联酋迪拜和埃塞俄比亚亚的斯亚贝巴)。

在华机构: 埃及国民银行股份公司上海分行
National Bank of Egypt Shanghai Branch

机构类别: 外国银行分行

成立时间: 2008年1月17日

电　话: 021-68861889

地　址: 上海市浦东大道1号船舶大厦12B07室

传　真: 021-68860864

网　址: www.nbe.com.eg

埃及银行
Banque Misr

埃及银行成立于1920年，是埃及国内最大的国有银行之一，其股权结构于1960年从私有制转变为国家所有制。该行建立的主要目标是为埃及国家经济服务，以当地货币和外国货币经营各类银行业务。该行在埃及设有超过700家分行，海外分行包括迪拜、阿布扎比、沙迦、哈伊马角、艾因和巴黎分行；海外子公司有埃及—黎巴嫩银行、埃及银行—欧洲股份有限公司；海外代表处包括位于中国广州、俄罗斯莫斯科、韩国首尔、意大利米兰的4个代表处。

在华机构： 埃及银行广州代表处
Banque Misr Guangzhou Representative Office

机构类别： 外国银行代表处

成立时间： 2016年7月22日

电　　话： 020-87578806

地　　址： 广东省广州市天河区珠江新城珠江东路6号周大福金融中心2410室

传　　真： 020-37392764

网　　址： www.banquemisr.com

加纳

加纳西非商业银行有限公司
Ecobank Ghana Limited

加纳西非商业银行有限公司成立于1989年1月9日，经加纳中央银行授权于1989年11月10日作为商业银行运营，并于1990年2月19日正式营业。2003年，加纳中央银行推出了综合银行业务牌照后，该行成为第一家获得此牌照的银行。该行在加纳设有67家分行。

在华机构： 加纳西非商业银行有限公司北京代表处
Ecobank Ghana Limited Beijing Representative Office

机构类别： 外国银行代表处

成立时间： 2012年7月18日

电　　话： 010-66290522

地　　址： 北京市东城区南竹竿胡同2号银河SOHO 1幢20709室

传　　真： 010-66290533

网　　址： www.ecobank.com

喀麦隆

喀麦隆非洲第一银行有限公司
Afriland First Bank

喀麦隆非洲第一银行有限公司于1987年成立，在喀麦隆雅温得注册。该行从事一般商业银行业务，即存贷款、结算、储蓄、外汇买卖、国际结算等，是喀麦隆第一大商业银行，主要服务喀麦隆中小企业，开展小微金融服务。

在华机构： 喀麦隆非洲第一银行有限公司北京代表处
Afriland First Bank Beijing Representative Office

机构类别： 外国银行代表处

成立时间： 2003年7月2日

电　　话： 010-65974631

地　　址： 北京市朝阳区光华路8号1-4三层A330A室

传　　真： 010-65974631

网　　址： www.afrilandfirstbank.com

摩洛哥

摩洛哥非洲银行
Bank of Africa

摩洛哥非洲银行原名为摩洛哥外贸银行，成立于1959年，是一家股份制商业银行。该行主要业务包括提供传统企业及零售银行业，同时提供专业咨询、贸易融资、项目融资，以及结构性融资等服务。该行在非洲、欧洲、亚洲和北美洲的31个国家和地区设立了分支机构。

在华机构： 摩洛哥非洲银行股份有限公司上海分行
Bank of Africa Shanghai Branch

机构类别： 外国银行分行

成立时间： 2018年9月4日

电　　话： 021-60589555

地　　址： 上海市浦东新区银城中路501号60层6001室、6002室

传　　真： 021-61639875

网　　址： www.bankofafrica.ma

南非

南非第一兰特银行有限公司
FirstRand Bank Limited

南非第一兰特银行有限公司成立于1929年1月11日,是南非最大的金融机构之一。该行主要业务包括零售银行、商业银行、私人银行、投资银行、支付与结算、金融机构、全球市场和债券业务等。该行设有12家海外分行和3家海外代表处(肯尼亚代表处、安哥拉代表处及中国上海代表处);另有3家海外金融机构,分别是英国Aldermore专业银行有限公司、英国MotoNovo金融公司、毛里求斯第一兰特国际有限公司。

在华机构: 南非第一兰特银行有限公司上海代表处
FirstRand Bank Limited Shanghai Representative Office

机构类别: 外国银行代表处

成立时间: 2007年6月27日

电　　话: 021-62100909

地　　址: 上海市长宁区延安西路726号20楼B座

传　　真: 021-62100993

网　　址: www.firstrand.co.za

尼日利亚

尼日利亚第一银行有限公司
First Bank of Nigeria Limited

尼日利亚第一银行有限公司成立于1894年，注册地为尼日利亚拉各斯，成立之初为英属西非银行，经过一系列更名和重组，于2013年3月更为现名，经营商业银行业务。该行在尼日利亚、刚果（金）、加纳、几内亚、塞内加尔、塞拉利昂、冈比亚等非洲国家提供商业银行等金融服务，设有700多家分行。该行在英国伦敦、中国北京设立了海外机构。

在华机构： 尼日利亚第一银行有限公司北京代表处
First Bank of Nigeria Limited Beijing Representative Office

机构类别： 外国银行代表处

成立时间： 2009年6月22日

电　　话： 010-65286820

地　　址： 北京市东城区建国门内大街8号中粮广场B座1431室

传　　真： 010-65286930

网　　址： www.firstbanknigeria.com

尼日利亚詹尼斯银行股份有限公司
Zenith Bank PLC

尼日利亚詹尼斯银行股份有限公司成立于1990年5月30日，属于私人有限责任公司，于1990年6月20日取得商业银行业务牌照并于1990年7月16日开业。2004年5月，詹尼斯银行改制为股份有限公司，于2004年10月在尼日利亚证券交易所挂牌上市、于2013年在伦敦证券交易所上市。该行在尼日利亚设有400多家分支机构及100多家办事处。该行海外机构包括詹尼斯银行（加纳）有限公司、詹尼斯银行（英国）有限公司、詹尼斯银行（塞拉利昂）有限公司和詹尼斯银行（冈比亚）有限公司。

在华机构： 尼日利亚詹尼斯银行股份有限公司北京代表处
Zenith Bank PLC Beijing Representative Office

机构类别： 外国银行代表处

成立时间： 2011年7月1日

电　　话： 010-57372660

地　　址： 北京市朝阳区建国门外大街1号国贸大厦三期1559室

传　　真： 010-57372412

网　　址： www.zenithbank.com

尼日利亚万通银行公共有限公司
Access Bank Plc.

尼日利亚万通银行公共有限公司成立于1988年，是股份制商业银行，总部位于尼日利亚拉各斯，在12个国家和地区共设有600多家分支机构，在其他非洲国家和英国设有子公司，在中国、印度、黎巴嫩设有代表处。该行主要业务包括公司及投资银行业务、商业银行业务、个人和私人银行业务等。

在华机构：尼日利亚万通银行公共有限公司上海代表处
Access Bank Plc. Shanghai Representative Office

机构类别：外国银行代表处

成立时间：2014年7月8日

电　　话：021-61620668

地　　址：上海市浦东新区银城中路200号中银大厦3005室

传　　真：021-61620669

网　　址：www.accessbankplc.com

Europe

欧 洲

奥地利	挪威
比利时	葡萄牙
白俄罗斯	瑞士
德国	瑞典
丹麦	塞浦路斯
俄罗斯	西班牙
法国	匈牙利
荷兰	英国
卢森堡	意大利

奥地利

奥地利奥合国际银行股份有限公司
Raiffeisen Bank International AG

奥地利奥合国际银行股份有限公司,原名为奥地利中央合作银行股份有限公司,2010年更为现名。该行主要经营传统银行业务,以及租赁、资产管理、保险、保理等其他业务。该机构主要分布在奥地利、中东欧及亚洲地区,在亚洲地区的北京和新加坡设有分行,在孟买和首尔等地设有代表处。

在华机构: 奥地利奥合国际银行股份有限公司北京分行
Raiffeisen Bank International AG Beijing Branch

机构类别: 外国银行分行

成立时间: 1999年12月7日

电　话: 010-65323388

地　址: 北京市朝阳区建国门外大街21号北京国际俱乐部200室

传　真: 010-65325926

网　址: www.rbinternational.com

比利时

比利时联合银行股份有限公司
KBC Bank N.V.

KBC金融控股集团成立于1998年,由两家比利时银行Kredietbank、CERA Bank和一家比利时保险公司ABB Insurance合并组建成立。该集团为股份有限公司,在泛欧证券交易所挂牌交易。KBC集团在全球范围内设有1265个营业网点。比利时联合银行股份有限公司是KBC金融控股集团的子公司,主要业务包括零售银行、私人银行、中小型企业银行等,六大核心市场分别为比利时、捷克、斯洛伐克、匈牙利、保加利亚和爱尔兰。

在华机构:比利时联合银行股份有限公司上海分行
KBC Bank N.V. Shanghai Branch

机构类别:外国银行分行
成立时间:1996年11月19日
电　　话:021-58791599
地　　址:上海市浦东新区浦东大道1号船舶大厦15楼1501—1505单元
传　　真:021-58791699
网　　址:www.kbc.com

白俄罗斯

白俄罗斯银行储蓄银行公开股份公司
Joint Stock Savings Bank "Belarusbank"

白俄罗斯银行储蓄银行公开股份公司成立于1922年,白俄罗斯政府持有该行99%的股份。该行除经营一般商业银行业务外,还为国家大型项目提供融资业务。该行在白俄罗斯境内设有1家总部、6家州级分行、120个银行服务中心及1101家营业网点,在海外设有2家代表处。

在华机构: 白俄罗斯银行储蓄银行公开股份公司北京代表处
Joint Stock Savings Bank "Belarusbank" Beijing Representative Office

机构类别: 外国银行代表处

成立时间: 2007年4月2日

电　话: 010-57852319

地　址: 北京市朝阳区东大桥路9号楼1单元301房间A-13室

传　真: 无

网　址: belarusbank.by

德国

德意志银行股份有限公司
Deutsche Bank AG

德意志银行股份有限公司成立于1870年，总部位于德国法兰克福。该行为企业、政府机构、机构投资者、中小企业及个人提供包括企业银行、投资银行、私人银行、资产管理相关的产品和服务。该行是德国唯一的全球系统重要性银行，也是全球最大的欧元清算银行。该行在全球59个国家和地区共设有1931个分支机构，其中69%位于德国本土。

在华机构： 德意志银行（中国）有限公司
Deutsche Bank (China) Co., Ltd.

机构类别： 外商独资银行

成立时间： 2007年12月20日

电　　话： 010-59698888

地　　址： 北京市朝阳区建国路81号德意志银行大厦28楼2802B单元、2803单元、2805—2807单元

传　　真： 010-59695689

网　　址： china.db.com/china/index.html

下设分行： 北京分行、上海分行、广州分行、青岛分行、天津分行、重庆分行

德国商业银行股份有限公司
Commerzbank AG

德国商业银行股份有限公司于1870年在德国汉堡成立，1940年正式命名为德国商业银行股份有限公司，总部设在德国法兰克福，业务板块包括商业客户、企业客户及其他三部分。该行在全球近50个国家和地区设有6家子公司、20家分行和30个代表处。

在华机构： 德国商业银行股份有限公司上海分行
Commerzbank AG Shanghai Branch
机构类别： 外国银行分行
成立时间： 1994年7月17日
电　　话： 021-58366666
地　　址： 上海市浦东新区世纪大道100号上海环球金融中心37楼
传　　真： 021-68775065
网　　址： www.commerzbank.cn/portal/zh/cb/cn/firmenkunden/china.html

在华机构： 德国商业银行股份有限公司北京分行
Commerzbank AG Beijing Branch
机构类别： 外国银行分行
成立时间： 1996年12月16日
电　　话： 010-85676888
地　　址： 北京市朝阳区建国门外大街2号北京银泰中心C座26楼2602单元
传　　真： 010-85676999
网　　址： www.commerzbank.cn

德国北德意志州银行
Norddeutsche Landesbank Girozentrale

德国北德意志州银行成立于1970年7月1日，由下萨克森州银行、布伦瑞克国家银行、汉诺威州信贷银行及下萨克森州房屋信贷银行合并而成。2017年8月31日，布莱梅州立银行被合并入该行。该行为德国州立银行，在德国的汉诺威、马格德堡和布伦瑞克设有总部，在伦敦、纽约、新加坡及上海设有分行。

在华机构： 德国北德意志州银行上海分行
Norddeutsche Landesbank Girozentrale Shanghai Branch

机构类别： 外国银行分行

成立时间： 2004年3月10日

电　　话： 021-68673888

地　　址： 上海市浦东新区世纪大道88号金茂大厦办公楼37楼01单元、07—08单元

传　　真： 021-58886585

网　　址： www.nordlb.com

德国巴登—符腾堡州银行
Landesbank Baden-Württemberg

德国巴登—符腾堡州银行为德国州立银行，成立于1999年。该行提供全面金融服务，业务板块包括企业客户、房地产/项目融资、资本市场和私人客户/储蓄银行。该行海外分支机构包括5家分行（伦敦、纽约、卢森堡、新加坡、首尔），12家代表处（北京、上海、河内、孟买、雅加达、维也纳、苏黎世、莫斯科、迪拜、伊斯坦布尔、塔什干、多伦多），2家子公司（墨西哥城、圣保罗）。

在华机构：德国巴登—符腾堡州银行上海代表处
Landesbank Baden-Württemberg Shanghai Representative Office

机构类别：外国银行代表处

成立时间：2000年2月24日

电　　话：021-50816002

地　　址：中国（上海）自由贸易试验区世纪大道1600号陆家嘴商务广场23楼2311室

传　　真：021-50816663

网　　址：www.lbbw.de

在华机构：德国巴登—符腾堡州银行北京代表处
Landesbank Baden-Württemberg Beijing Representative Office

机构类别：外国银行代表处

成立时间：1996年4月4日

电　　话：010-65900166

地　　址：北京市朝阳区东方东路19号院5号楼-3至24层101内01座11层1101B

传　　真：010-65907758

网　　址：www.lbbw.de

德国中央合作银行股份有限公司
DZ Bank AG

德国中央合作银行股份有限公司作为德国合作银行体系中的中央信用机构，于1883年在柏林成立，原名为普鲁士银行。该行业务范围包括零售银行、企业银行、资本市场及交易银行等。该行下设若干子公司，包括保理公司、投资公司、保险公司、租赁公司、住房储蓄银行及抵押贷款银行等。该行总部设在德国法兰克福，分支机构分布在德国各地及世界主要金融中心，在纽约、伦敦、新加坡与香港设有4家海外分行，在莫斯科、伊斯坦布尔、圣保罗、孟买、雅加达与北京设有6家海外代表处。

在华机构： 德国中央合作银行股份有限公司北京代表处
DZ Bank AG Beijing Representative Office

机构类别： 外国银行代表处

成立时间： 1997年6月11日

电　　话： 010-85261161

地　　址： 北京市朝阳区建国门外大街19号国际大厦22-1B室

传　　真： 010-85261163

网　　址： www.dzbank.com

德国黑森—图林根州银行
Landesbank Hessen-Thüringen Girozentrale

德国黑森—图林根州银行是德国州立银行，成立于1953年。该行主要业务集中在三个领域：一是服务于企业、银行和机构投资者；二是向中小型企业和私人客户提供金融产品及服务；三是为黑森州、图林根州、北威州和勃兰登堡州的公共设施发展提供金融服务。该行在海外设有4个分行，分别位于法国巴黎、美国纽约、英国伦敦和瑞典斯德哥尔摩；5个代表处，分别位于中国上海、俄罗斯莫斯科、西班牙马德里、巴西圣保罗和新加坡；此外在爱尔兰都柏林设有1家资产服务公司。

在华机构： 德国黑森—图林根州银行上海代表处
Landesbank Hessen-Thüringen Girozentrale Shanghai Representative Office

机构类别： 外国银行代表处
成立时间： 2007年10月30日
电　　话： 021-68777708
地　　址： 上海市浦东新区陆家嘴环路1000号18-012室
传　　真： 021-68777709
网　　址： www.helaba.de

德国迈世勒银行股份公司
B.Metzler seel. Sohn & Co. Kommanditgesellschaft auf Aktien

德国迈世勒银行股份公司总部位于德国法兰克福，成立于1674年，是一家由家族拥有的私人银行。该行从一家交易公司发展成为一家国际性银行，主要业务包括资产管理、资本市场业务、公司金融及私人银行。该行在中国、日本、美国、爱尔兰设有海外分支机构。

在华机构： 德国迈世勒银行股份公司北京代表处
B.Metzler seel. Sohn & Co. Kommanditgesellschaft auf Aktien Beijing Representative Office

机构类别： 外国银行代表处

成立时间： 2008年12月31日

电　　话： 010-64600532

地　　址： 北京市朝阳区亮马桥路50号燕莎中心C502

传　　真： 010-64606687

网　　址： www.metzler.com

丹麦

丹麦银行有限公司
Danske Bank A/S

丹麦银行有限公司成立于1871年,总部位于丹麦首都哥本哈根。该行主要为北欧(包括丹麦、瑞典、挪威、芬兰)客户提供商业银行、投资银行、资产管理等金融服务,主要业务包括公司及机构业务、中小企业服务、零售业务和财富管理。该行在英国、美国、爱尔兰、卢森堡、波兰等国家和地区开展海外业务,并在印度和立陶宛设有支持部门。

在华机构: 丹麦银行有限公司北京代表处
Danske Bank A/S Beijing Representative Office

机构类别: 外国银行代表处

成立时间: 2015年10月21日

电 话: 010-65969177

地 址: 北京市朝阳区东三环中路5号楼财富金融中心28楼07-1单元

传 真: 010-65969178

网 址: www.danskebank.com

俄罗斯

俄罗斯外贸银行公众股份公司
VTB Bank (Public Joint-Stock Company)

俄罗斯外贸银行公众股份公司成立于1990年10月17日，旗下有20多家信贷机构和金融公司，在海外18个国家和地区开展业务，在印度新德里和中国上海设有分行，在意大利、中国和吉尔吉斯斯坦设有代表处，下属子行分别位于亚美尼亚、白俄罗斯、乌克兰、格鲁吉亚、阿塞拜疆、法兰克福、安哥拉、哈萨克斯坦及贝尔格莱德等地区。

在华机构： 俄罗斯外贸银行公众股份公司上海分行
VTB Bank (Public Joint-Stock Company) Shanghai Branch

机构类别： 外国银行分行
成立时间： 2007年12月20日
电　　话： 021-60610136
地　　址： 上海市浦东新区银城中路501号25楼2503—2505室
传　　真： 021-61096011
网　　址： vtbbank.cn

在华机构： 俄罗斯外贸银行公众股份公司北京代表处
VTB Bank (Public Joint-Stock Company) Beijing Representative Office

机构类别： 外国银行代表处

成立时间： 1989年9月15日

电　　话： 010-85262800

地　　址： 北京市朝阳区建国门外大街19号国际大厦21BC室

传　　真： 无

网　　址： vtbbank.cn

俄罗斯储蓄银行公开股份公司
Sberbank of Russia

俄罗斯储蓄银行公开股份公司成立于1841年，主要开展储蓄、贷款、投资、租赁和保险等业务。该行在俄罗斯境内设有12家分行、17493个营业网点，分布于83个俄罗斯联邦主体内。该行在哈萨克斯坦、白俄罗斯、乌克兰、瑞士、奥地利、波斯尼亚和黑塞哥维那、克罗地亚、捷克、匈牙利、斯洛文尼亚、塞尔维亚和印度设有分行和子行，在德国和中国设有代表处。

在华机构： 俄罗斯储蓄银行公开股份公司北京代表处
Sberbank of Russia Beijing Representative Office

机构类别： 外国银行代表处

成立时间： 2010年6月28日

电　　话： 010-64627039

地　　址： 北京市朝阳区亮马桥路50号燕莎中心办公楼C305—306A室

传　　真： 010-64627563

网　　址： www.sberbank.ru

俄罗斯工业通讯银行公众式股份公司
PJSC Promsvyazbank

俄罗斯工业通讯银行公众式股份公司成立于1995年，总部位于莫斯科，是俄罗斯中央银行批准的系统重要性金融机构之一。该行的主要业务包括存款、贷款、银行卡业务、单证业务、贸易融资、保理业务、外汇业务、承销债券、贵金属业务及私人银行业务等，为个人客户、公司客户及中小企业客户提供金融服务。该行在俄罗斯设有约300家营业网点，在中国北京设有代表处。

在华机构： 俄罗斯工业通讯银行公众式股份公司北京代表处
PJSC Promsvyazbank Beijing Representative Office
机构类别： 外国银行代表处
成立时间： 2004年3月2日
电　　话： 010-85120068
地　　址： 北京市朝阳区建国门外大街22号赛特大厦1308室
传　　真： 010-85120067
网　　址： www.psbank.ru

"俄罗斯联邦外经银行"国家开发集团公司
State Development Corporation "VEB.RF"

"俄罗斯联邦外经银行"国家开发集团公司是一家开发性金融机构，成立于1924年。该行主要提供投资、对外经济、保险、咨询等金融服务，帮助推进俄罗斯基础设施与经济特区的建设、创新与环保措施的施行，支持俄罗斯货物和劳务出口。

在华机构： 俄罗斯开发与对外经济银行（外经银行）国有公司北京代表处
State Corporation 'Bank for Development and Foreign Economic Affairs (Vnesheconombank)' Beijing Representative Office

机构类别： 外国银行代表处

成立时间： 1999年4月12日

电　　话： 010-65928905

地　　址： 北京市朝阳区建国门外大街19号国际大厦20-A室

传　　真： 010-65928904

网　　址： veb.ru

俄罗斯农业银行股份公司
Joint Stock Company Russian Agricultural Bank

俄罗斯农业银行股份公司于2000年成立，总部位于莫斯科，由俄罗斯联邦国有资产管理局代表的俄罗斯联邦全资控股，是一家国有银行。该行旨在为俄罗斯农业生产领域的生产者服务，发展俄罗斯农业地区和农业生产领域的国有信贷体系。该行是俄罗斯最大的信贷机构之一，是俄罗斯农业企业的主要贷款银行，也是俄罗斯政府对农业发展提供支持的主要代理银行。该行的客户包括个人、公司、大型国有企业及中小企业。该行在中国、白俄罗斯、哈萨克斯坦和亚美尼亚设有代表处。

在华机构： 俄罗斯农业银行股份公司北京代表处
Joint Stock Company Russian Agricultural Bank Beijing Representative Office

机构类别： 外国银行代表处

成立时间： 2015年10月9日

电　　话： 010-65686880

地　　址： 北京市朝阳区建国门外大街22号赛特大厦809室

传　　真： 010-65686880

网　　址： www.rshb.ru

俄罗斯天然气工业银行股份公司
Gazprombank JSB

俄罗斯天然气工业银行股份公司于1990年7月31日开始经营银行业务，总部位于莫斯科市，是俄罗斯最大的综合性金融机构之一。该行向金融机构、企业和个人投资者提供金融服务，包括发行和认购企业债券、资产管理、私人银行服务、企业融资等。该行在俄罗斯境内设有20个分行、256个分理处、128个营业网点和3个现金点，在中国、蒙古、印度、哈萨克斯坦和乌兹别克斯坦设有代表处。

在华机构： 俄罗斯天然气工业银行股份公司北京代表处
Gazprombank JSB Beijing Representative Office

机构类别： 外国银行代表处

成立时间： 2006年7月17日

电　　话： 010-65630516/65630051

地　　址： 北京市朝阳区建国门外大街甲6号中环世贸中心C座1205室

传　　真： 010-65630195

网　　址： gazprombank.ru

法国

法国巴黎银行
BNP Paribas

2000年，法国巴黎银行由巴黎国民银行和巴黎巴银行合并成立。2006年，该行收购意大利BNL银行。2009年，该行继续整合比利时富通银行和BGL银行。该行业务主要分为零售银行业务、国际金融业务及企业与机构银行业务，业务网点分布在71个国家和地区。

在华机构：法国巴黎银行（中国）有限公司
BNP Paribas (China) Limited

机构类别：外商独资银行

成立时间：1992年10月6日

电　　话：021-28962888

地　　址：上海市浦东新区世纪大道100号上海环球金融中心25楼、26楼2610室

传　　真：021-28962800

网　　址：www.china.bnpparibas.com

下设分行：北京分行、天津分行、广州分行

在华机构：法国巴黎银行成都代表处
BNP Paribas Chengdu Representative Office
机构类别：外国银行代表处
成立时间：1996年7月30日
电　　话：028-86723086
地　　址：四川省成都市总府路2号时代广场2809室
传　　真：028-86723076
网　　址：www.china.bnpparibas.com

法国兴业银行
Societe Generale

法国兴业银行成立于1864年，是欧洲重要金融服务集团之一。该行三大主要业务为法国零售银行、国际零售银行与金融服务、全球银行与投资者服务。该行为全球个人、企业和机构投资者客户提供咨询服务和财务解决方案。

在华机构：法国兴业银行（中国）有限公司
Societe Generale (China) Limited
机构类别：外商独资银行
成立时间：2008年7月30日
电　　话：010-58513888
地　　址：北京市朝阳区新源南路8号院4号楼12楼1201内01—14单元
传　　真：010-58513009
网　　址：www.societegenerale.com/en
下设分行：北京分行、上海分行、广州分行、天津分行、哈尔滨分行

法国东方汇理银行股份有限公司
Credit Agricole Corporate and Investment Bank

法国东方汇理银行股份有限公司设立于1875年，隶属于法国农业信贷集团。该行业务主要由以下三个条线组成：融资业务（结构融资、商业银行）、资本市场及投资银行（环球金融市场部、资金交易、投资银行）和财富管理，其中资本市场及投资银行下的环球市场部拥有20个交易室，为企业客户、金融机构客户等提供服务。

在华机构： 东方汇理银行（中国）有限公司
Credit Agricole Corporate and Investment Bank (China) Limited
机构类别： 外商独资银行
成立时间： 2009年6月17日
电　　话： 021-38566888
地　　址： 上海市静安区南京西路1266号上海恒隆广场二座12楼1201室、1202室、1206室、1207室、1208室、1209室、1212室、1213室
传　　真： 021-38566922
网　　址： www.ca-cib.com
下设分行： 北京分行、天津分行、上海分行、广州分行、厦门分行

在华机构：法国东方汇理银行股份有限公司深圳代表处
Credit Agricole Corporate and Investment Bank Shenzhen Representative Office

机构类别：外国银行代表处
成立时间：1985年2月15日
电　　话：0755-83027621
地　　址：广东省深圳市福田区彩田路3069号星河世纪大厦A座617室
传　　真：0755-83027707
网　　址：www.ca-cib.com

法国外贸银行股份有限公司
Natixis

法国外贸银行股份有限公司成立于1947年，是法国BPCE集团旗下从事公司、投资和融资等金融服务的子公司。BPCE集团是法国第二大银行集团，由法国大众银行集团和储蓄银行集团于2009年合并而成。该行主要业务包括企业和投资银行、资产及财富管理、保险和支付业务等。

在华机构：法国外贸银行股份有限公司上海分行
Natixis Shanghai Branch

机构类别：外国银行分行
成立时间：1998年7月10日
电　　话：021-61633279
地　　址：上海市陆家嘴环路1000号汇丰大厦19楼19032室
传　　真：021-68410766
网　　址：apac.cib.natixis.com/china

在华机构：法国外贸银行股份有限公司北京分行
　　　　　Natixis Beijing Branch
机构类别：外国银行分行
成立时间：2015年4月27日
电　　话：010-69000588
地　　址：北京市东城区东长安街1号东方广场东方经贸城东一办公楼1202室、1203室
传　　真：010-85199169
网　　址：apac.cib.natixis.com/china

法国工商银行有限公司
Crédit Industriel et Commercial

　　法国工商银行有限公司成立于1859年5月7日，是综合性银行集团。该行主要业务包括企业存贷款、公司融资、贸易金融、租赁、保险、外汇交易、资本交易、风险投资、私人银行个人理财等。该行在英国伦敦、新加坡、美国纽约和中国香港分别设有分行，在全球36个国家和地区设有40家代表处。

在华机构：法国工商银行有限公司上海代表处
　　　　　Crédit Industriel et Commercial Shanghai Representative Office
机构类别：外国银行代表处
成立时间：1998年9月17日
电　　话：021-62496690
地　　址：上海市延安西路129号2005室
传　　真：021-62492829
网　　址：www.cic.fr

在华机构：法国工商银行有限公司北京代表处
　　　　　Crédit Industriel et Commercial Beijing Representative Office
机构类别：外国银行代表处
成立时间：1989年2月25日
电　　话：010-65102167
地　　址：北京市东城区建国门内大街7号光华长安大厦1座310室
传　　真：010-65171202
网　　址：www.cic.fr

法国标致雪铁龙融资银行有限公司
Banque PSA Finance

　　法国标致雪铁龙融资银行有限公司成立于1982年12月15日，是一家由欧洲中央银行监管的银行机构。该行融资汽车品牌包括标致、雪铁龙、DS和欧宝，在中国、法国、英国、西班牙、德国、阿根廷、巴西、土耳其、墨西哥等18个国家和地区开展业务，全球员工约有3200人。

在华机构：法国标致雪铁龙融资银行有限公司北京代表处
　　　　　Banque PSA Finance Beijing Representative Office
机构类别：外国银行代表处
成立时间：2003年11月18日
电　　话：010-64654743
地　　址：北京市朝阳区亮马桥路50号北京燕莎中心1号楼C210B
传　　真：010-59275982
网　　址：www.banquepsafinance.com

荷兰

荷兰安智银行股份有限公司
ING BANK N.V.

荷兰安智银行股份有限公司是荷兰国际集团旗下的商业银行，成立于1845年，总部设在阿姆斯特丹。该行在全球为欧洲、北美洲、南美洲、亚洲和大洋洲的40多个国家和地区的个人、中小企业、大型企业、跨国公司、机构和政府提供零售银行服务和批发银行服务。

在华机构： 荷兰安智银行股份有限公司上海分行
ING Bank N.V. Shanghai Branch

机构类别： 外国银行分行

成立时间： 1994年11月15日

电　　话： 021-20208000

地　　址： 上海市浦东新区世纪大道100号上海环球金融中心19楼19T12室、19T31室、19T51室

传　　真： 021-68415126

网　　址： www.ing.com

在华机构： 荷兰安智银行股份有限公司北京分行
ING Bank N.V. Beijing Branch

机构类别： 外国银行分行

成立时间： 2015年2月4日

电　　话： 010-65906606

地　　址： 北京市朝阳区建国门外大街1号院1号楼23楼07—12单元

传　　真： 010-65906606

网　　址： www.ing.com

荷兰合作银行有限公司
Coöperatieve Rabobank U.A.

荷兰合作银行有限公司是由荷兰数家地区银行于1898年成立的合作制银行，是一家非上市银行。2016年1月1日，荷兰合作银行与其在本土的成员行合并为一家银行。该行经营范围包括零售银行业务、批发银行业务、私人银行业务、租赁及房地产业务等，农业与食品行业银行业务是该行的核心业务。该行在除荷兰本土以外的37个国家和地区设有分支机构。

在华机构： 荷兰合作银行有限公司上海分行
Coöperatieve Rabobank U.A. Shanghai Branch

机构类别： 外国银行分行

成立时间： 2003年8月22日

电　　话： 021-58889888

地　　址： 上海市徐汇区陕西南路288号上海环贸广场办公楼二期20楼2002—2007室

传　　真： 021-28934700

网　　址： www.rabobank.com

在华机构： 荷兰合作银行有限公司北京分行
Coöperatieve Rabobank U.A. Beijing Branch

机构类别： 外国银行分行

成立时间： 2012年2月21日

电　　话： 010-56951000

地　　址： 北京市朝阳区建国路乙118号京汇大厦10楼01A、01B、01C、10B、10C

传　　真： 010-65288670

网　　址： www.rabobank.com

荷兰银行有限公司
ABN AMRO Bank N.V.

荷兰银行有限公司成立于1720年。2007年10月，由苏格兰皇家银行、比利时富通银行集团和西班牙桑坦德银行组成的财团联合收购了前荷兰银行控股有限公司。2008年，国际金融危机导致财团成员出现财务问题，荷兰政府对前荷兰银行和富通银行在荷兰的业务实行了收购，接管富通银行在荷兰的所有资产、债务，并于2009年4月成立了现在的荷兰银行有限公司。该行为零售银行、私人银行和公司银行业务的客户提供服务，在全球14个国家和地区开展业务。

在华机构： 荷兰银行有限公司上海分行
ABN AMRO Bank N.V. Shanghai Branch

机构类别： 外国银行分行

成立时间： 2015年9月14日

电　　话： 021-20532666

地　　址： 上海市浦东新区陆家嘴环路1233号汇亚大厦3107—3108单元

传　　真： 021-20532707

网　　址： www.abnamro.com

荷兰欧洲信贷银行有限公司
Credit Europe Bank N.V.

荷兰欧洲信贷银行有限公司成立于1994年，总部设在阿姆斯特丹，在9个国家拥有1100多名员工，在德国、马耳他、罗马尼亚设有分行，在中国、土耳其设有代表处。该行为公司客户提供银行产品和服务，包括国际贸易和商品融资、项目融资和流动资金贷款等。

在华机构： 荷兰欧洲信贷银行有限公司上海代表处
Credit Europe Bank N.V. Shanghai Representative Office
机构类别： 外国银行代表处
成立时间： 2007年1月10日
电　　话： 021-61361818
地　　址： 上海市静安区南京西路1266号恒隆广场一期4609室
传　　真： 021-62885365
网　　址： www.crediteuropebank.com/the-bank.html

卢森堡

卢森堡国际银行有限责任公司
Banque Internationale à Luxembourg, S.A.

卢森堡国际银行成立于1856年，是卢森堡历史最悠久的银行集团之一，负责发行卢森堡货币直到开始使用欧元。该行是欧洲中央银行认定的系统重要性银行之一。业务范围包括零售数字银行、私人银行和财富管理、公司和机构金融业务，以及资金和金融市场业务等。该行在卢森堡、瑞士、丹麦、北京设有代表处，在中国香港等地设有分支机构。

在华机构： 卢森堡国际银行有限责任公司北京代表处
Banque Internationale à Luxembourg, S.A. Beijing Representative Office

机构类别： 外国银行代表处
成立时间： 2019年9月11日
电　　话： 010-82602902
地　　址： 北京市海淀区科学院南路2号C座12楼S1210
传　　真： 无
网　　址： www.bil.com

挪威

挪威银行公共有限公司
DNB Bank ASA

挪威银行公共有限公司成立于1822年,由挪威银行集团全资控股。自1822年成立以来,挪威银行及集团经过多次合并重组,于2011年起正式更名为挪威银行。挪威银行主要提供企业银行、投资银行、个人银行、付款与创新和财富管理等服务。该行在以下国家和地区设立分支机构或代表处:中国、丹麦、芬兰、德国、希腊、波兰、卢森堡、瑞典、英国、美国、智利、巴西、新加坡和印度。

在华机构: 挪威银行公共有限公司上海分行
DNB Bank ASA Shanghai Branch

机构类别: 外国银行分行

成立时间: 2006年8月16日

电　　话: 021-61322888

地　　址: 上海市徐汇区淮海中路999号环贸广场办公楼一期23楼2304—2307室

传　　真: 021-61322999

网　　址: www.dnb.no

葡萄牙

葡萄牙商业银行股份有限公司
Banco Comercial Portugues, S.A.

葡萄牙商业银行股份有限公司成立于1985年，是葡萄牙最大的私人金融集团之一，在全球设有1300多家分行，业务分布在波兰、莫桑比克、安哥拉、巴西和中国澳门等地，并在瑞士设有私人银行业务平台。

在华机构： 葡萄牙商业银行股份有限公司广州代表处
Banco Comercial Portugues, S.A. Guangzhou Representative Office

机构类别： 外国银行代表处

成立时间： 1997年3月27日

电　　话： 020-83874277，83874377

地　　址： 广东省广州市环市东路362—366号好世界广场2301室

传　　真： 020-83874307

网　　址： www.millenniumbcp.pt

瑞士

瑞士银行有限公司
UBS AG

瑞士银行有限公司隶属于瑞银集团。1998年，瑞士联合银行（1862年成立）和瑞士银行公司（1872年成立）合并成立瑞银集团，现已发展为一家全球性金融服务机构。该行主要业务包括全球财富管理业务、个人及企业银行业务、资产管理和投资银行业务等。该行主要海外机构包括香港分行、新加坡分行、瑞银企业管理有限公司、瑞银资产管理有限公司、瑞银资产管理（香港）有限公司等。

在华机构： 瑞士银行（中国）有限公司
UBS (China) Limited

机构类别： 外商独资银行

成立时间： 2012年3月16日

电　　话： 010-58327000

地　　址： 北京市西城区金融大街7号英蓝国际金融中心1220B—1230单元

传　　真： 010-58327120

网　　址： www.ubs.com/cn/sc/ubs-china.html

下设分行： 上海分行

瑞士信贷银行股份有限公司
Credit Suisse AG

瑞士信贷银行股份有限公司成立于1856年7月，总部位于苏黎世，隶属于瑞士信贷集团。该行的业务分为私人银行业务、投资银行业务和资产管理三大部分。该行在全球50多个国家和地区设有分支机构，共有员工约47860名。

在华机构：瑞士信贷银行股份有限公司上海分行
　　　　　Credit Suisse AG Shanghai Branch
机构类别：外国银行分行
成立时间：1994年6月3日
电　　话：021-38560016
地　　址：上海市浦东新区浦东南路528号上海证券大厦南塔17楼
传　　真：021-68818417
网　　址：www.credit-suisse.com

在华机构：瑞士信贷银行股份有限公司北京代表处
　　　　　Credit Suisse AG Beijing Representative Office
机构类别：外国银行代表处
成立时间：2002年7月12日
电　　话：010-63916888
地　　址：北京市西城区金融大街甲9号金融街中心南楼11楼1101B单元
传　　真：010-64106127
网　　址：www.credit-suisse.com

在华机构： 瑞士信贷银行股份有限公司广州代表处
Credit Suisse AG Guangzhou Representative Office

机构类别： 外国银行代表处

成立时间： 2005年1月24日

电　　话： 020-38370708

地　　址： 广东省广州市天河区林和西路161号中泰国际广场A座1201室

传　　真： 020-38370710

网　　址： www.credit-suisse.com

瑞士苏黎世州银行
Zürcher Kantonalbank

瑞士苏黎世州银行成立于1870年，由苏黎世州政府全资拥有，并提供全部财政担保。该行是瑞士最大的州立银行，也是瑞士第三大综合性商业银行。该行主营业务包括公司银行业务、资金业务、外汇业务、资产管理业务、投资银行业务等。该行在瑞士本土设有约20家分支机构，在中国、新加坡、印度和巴西设有4家海外代表处。

在华机构： 瑞士苏黎世州银行北京代表处
Zürcher Kantonalbank Beijing Representative Office

机构类别： 外国银行代表处

成立时间： 1997年10月27日

电　　话： 010-64672539

地　　址： 北京市朝阳区东三环北路38号院3号楼6层705室

传　　真： 010-64672537

网　　址： www.zkb.ch

瑞士宝盛银行有限公司
Bank Julius Baer & Co. Ltd.

瑞士宝盛银行有限公司始创于1890年，隶属于瑞士宝盛集团，后者是瑞士一家私人银行集团，主要为全球高端私人客户提供咨询和财富管理服务。瑞士宝盛集团股票在瑞士交易所上市，是瑞士市场指数的成分股之一。该行国际业务分布在全球20多个国家和地区。

在华机构： 瑞士宝盛银行有限公司上海代表处
Bank Julius Baer & Co. Ltd. Shanghai Representative Office

机构类别： 外国银行代表处

成立时间： 2011年6月22日

电　　话： 021-60753180

地　　址： 上海市陆家嘴环路1233号汇亚大厦15楼1503单元

传　　真： 021-60753178

网　　址： www.juliusbaer.com

瑞士苏黎世恒比银行股份有限公司
Habib Bank AG Zurich

瑞士苏黎世恒比银行股份有限公司于1967年在瑞士苏黎世成立，主要提供公司和企业银行、零售银行、财富管理等业务。该行业务主要分布在9个国家：中国、瑞士、英国、阿联酋、巴基斯坦、加拿大、肯尼亚、南非、孟加拉国。

在华机构： 瑞士苏黎世恒比银行股份有限公司上海代表处
Habib Bank AG Zurich Shanghai Representative Office

机构类别： 外国银行代表处

成立时间： 2019年9月26日

电　　话： 021-68902193

地　　址： 上海市浦东新区世纪大道88号金茂大厦23楼03B室

传　　真： 021-68905778

网　　址： www.habibbank.com

瑞士盈丰银行股份有限公司
EFG Bank AG

瑞士盈丰银行股份有限公司成立于1995年，主要为客户提供私人银行服务，包括投资组合管理、投资咨询服务、伦巴第贷款、抵押贷款和信托服务。该行总部位于苏黎世，在新加坡、开曼群岛、巴林、中国香港均设有海外分行，在中国、美国和乌拉圭设有代表处。

在华机构： 瑞士盈丰银行股份有限公司上海代表处
EFG Bank AG Shanghai Representative Office
机构类别： 外国银行代表处
成立时间： 2009年7月7日
电　　话： 021-61680518
地　　址： 上海市浦东新区陆家嘴环路1000号恒生银行大厦13楼13-023室
传　　真： 021-61680519
网　　址： www.efgbank.com

瑞典

瑞典北欧斯安银行有限公司
Skandinaviska Enskilda Banken AB (publ)

瑞典北欧斯安银行有限公司于1856年成立。该行核心业务包括公司银行、零售银行等，同时经营寿险业务。该行在中国、英国、美国、俄罗斯、德国、乌克兰、新加坡等16个国家和地区设有19个分支机构。

在华机构：瑞典北欧斯安银行有限公司上海分行
　　　　　Skandinaviska Enskilda Banken AB (publ) Shanghai Branch

机构类别：外国银行分行

成立时间：2005年10月21日

电　　话：021-20521888

地　　址：上海市浦东新区世纪大道8号上海国金中心办公楼二期33层3301—3305室、3315—3316室

传　　真：021-53966181

网　　址：www.seb.se

在华机构：瑞典北欧斯安银行有限公司北京代表处
　　　　　Skandinaviska Enskilda Banken AB (publ) Beijing Representative Office

机构类别：外国银行代表处

成立时间：1983年11月9日

电　　话：010-65900120/65900906

地　　址：北京市朝阳区东三环北路8号亮马河大厦1座603室

传　　真：010-65900913

网　　址：www.seb.se

瑞典银行有限公司
Swedbank AB

瑞典银行有限公司成立于1820年，总部位于瑞典首都斯德哥尔摩。该行主营业务包含瑞典银行业务、波罗的海银行业务和大公司及机构客户业务三个部分。该行在中国、芬兰、挪威、丹麦、美国、卢森堡和南非设有分支机构。

在华机构：瑞典银行有限公司上海分行
Swedbank Shanghai Branch
机构类别：外国银行分行
成立时间：2007年4月10日
电　　话：021-38612600
地　　址：上海市浦东新区花园石桥路33号花旗集团大厦601室
传　　真：021-38612711
网　　址：www.swedbank.com

北欧银行有限公司
Nordea Bank Abp

北欧银行有限公司于2001年由北欧四国的四家银行合并组建。该行2018年10月将注册地由瑞典迁至芬兰并更为现名。该行在芬兰赫尔辛基、瑞典斯德哥尔摩和丹麦哥本哈根证券交易所上市，接受欧洲中央银行监管。该行在丹麦哥本哈根、瑞典斯德哥尔摩和挪威奥斯陆设有总部，主要业务包括大公司与机构银行、个人银行、企业银行、资产与财富管理等。该行在全球20个国家和地区设立了分支机构，在中国设有上海分行。

在华机构： 北欧银行瑞典有限公司上海分行
Nordea Bank AB Shanghai Branch

机构类别： 外国银行分行

成立时间： 2008年2月3日

电　　话： 021-63405111

地　　址： 上海市静安区南京西路1539号嘉里中心办公楼二座27楼2701—2703室

传　　真： 021-63405222

网　　址： www.nordea.com/en

塞浦路斯

塞浦路斯银行公共有限公司
Bank of Cyprus Public Company Limited

塞浦路斯银行公共有限公司隶属于塞浦路斯银行集团。塞浦路斯银行集团是塞浦路斯主要的银行服务和金融服务供应商，向客户提供广泛的金融产品与服务，包括零售和商业银行、保理、投资银行、经纪、资产管理、私人银行及人寿保险等服务。塞浦路斯银行集团共有98家分行，其中14家为现金办事处，在中国、俄罗斯、乌克兰设有代表处，在全球雇用员工3577名。

在华机构： 塞浦路斯银行公共有限公司北京代表处
Bank of Cyprus Public Company Limited Beijing Representative Office

机构类别： 外国银行代表处

成立时间： 2011年9月28日

电　　话： 010-65057723

地　　址： 北京市朝阳区建国门外大街2号院3号楼1503室

传　　真： 010-65057763

网　　址： www.bankofcyprus.com

西班牙

西班牙桑坦德银行有限公司
Banco Santander, S.A.

西班牙桑坦德银行有限公司于1857年5月15日成立,为全球系统重要性银行之一。该行主要业务包括零售银行、企业与投资银行、财富管理和保险等,业务分布在西班牙、英国、葡萄牙、波兰、美国、墨西哥、阿根廷、智利和巴西等国家和地区。

在华机构:西班牙桑坦德银行有限公司上海分行
　　　　　Banco Santander, S.A. Shanghai Branch
机构类别:外国银行分行
成立时间:2008年8月25日
电　　话:021-61686000
地　　址:上海市浦东新区银城中路501号73楼7301室、7304室
传　　真:021-61016518
网　　址:www.bancosantander.es/particulares

在华机构:西班牙桑坦德银行有限公司北京分行
　　　　　Banco Santander, S.A. Beijing Branch
机构类别:外国银行分行
成立时间:2014年3月31日
电　　话:010-56511000
地　　址:北京市朝阳区东三环中路1号环球金融中心办公楼西楼16楼13—14号
传　　真:010-56511099
网　　址:www.bancosantander.es/particulares

西班牙对外银行有限公司
Banco Bilbao Vizcaya Argentaria S.A.

西班牙对外银行有限公司是西班牙最大的商业银行之一,成立于1857年。该行主营银行和保险业务,主要业务条线包括零售银行、企业与商业银行、公司与投资银行、保险、资产管理等。该行在30多个国家和地区开展业务,设有7000多家分支机构,员工约有12万人。

在华机构: 西班牙对外银行有限公司上海分行
Banco Bilbao Vizcaya Argentaria S.A. Shanghai Branch

机构类别: 外国银行分行

成立时间: 2015年10月16日

电　话: 021-80233211

地　址: 上海市浦东新区世纪大道88号金茂大厦45楼01单元、08单元

传　真: 021-58889501

网　址: www.bbva.com

在华机构: 西班牙对外银行有限公司北京代表处
Banco Bilbao Vizcaya Argentaria S.A. Beijing Representative Office

机构类别: 外国银行代表处

成立时间: 1985年7月2日

电　话: 010-65170937

地　址: 北京市东城区建国门内大街7号7楼12号

传　真: 010-65170936

网　址: www.bbva.com

西班牙萨瓦德尔银行股份有限公司
Banco de Sabadell, S.A.

西班牙萨瓦德尔银行股份有限公司是西班牙第四大商业银行，成立于1881年12月31日，总部位于西班牙阿力坎特。该行主营业务包括商业银行、公司银行、中小企业银行、零售及私人银行等。该行在西班牙境内有1000多家营业网点，在海外设有5家分行（里斯本、伦敦、迈阿密、巴黎和卡萨布兰卡）、2个子公司（墨西哥及英国）及13个代表处。

在华机构：西班牙萨瓦德尔银行股份有限公司上海代表处
　　　　　Banco De Sabadell, S.A. Shanghai Representative Office
机构类别：外国银行代表处
成立时间：2005年3月16日
电　　话：021-62718347
地　　址：上海市南京西路1038号梅龙镇广场1605A
传　　真：021-62717710
网　　址：www.bancsabadell.com

在华机构：西班牙萨瓦德尔银行股份有限公司北京代表处
　　　　　Banco De Sabadell, S.A. Beijing Representative Office
机构类别：外国银行代表处
成立时间：1995年12月25日
电　　话：010-84608366
地　　址：北京市东城区东直门外大街46号天恒大厦805室
传　　真：010-84608399
网　　址：www.bancsabadell.com

西班牙商业银行股份有限公司
CaixaBank, S.A.

西班牙商业银行股份有限公司的前身是1904年成立的西班牙养老金及储蓄银行。该行主要业务包括零售银行业务和公司银行业务。该行在德国、法国、英国、波兰和摩洛哥设有分行，在葡萄牙设有全资子行并持有奥地利第一储蓄银行9.92%的股份。此外，该行在全球共设有18家代表处。

在华机构： 西班牙商业银行股份有限公司上海代表处
CaixaBank, S.A. Shanghai Representative Office
机构类别： 外国银行代表处
成立时间： 2009年7月7日
电　　话： 021-63410055
地　　址： 上海市广东路689号海通证券大厦1610室
传　　真： 021-63410166
网　　址： www.caixabank.com

在华机构： 西班牙商业银行股份有限公司北京代表处
CaixaBank, S.A. Beijing Representative Office
机构类别： 外国银行代表处
成立时间： 2007年8月15日
电　　话： 010-59111199
地　　址： 北京市东城区建国门内大街7号光华长安大厦1座610室、611室
传　　真： 010-59111118
网　　址： www.caixabank.com

西班牙班西亚银行股份公司
Bankia, S.A.

西班牙班西亚银行股份公司由包括巴伦西亚储蓄银行在内的7家储蓄银行合并而成,于2011年7月在西班牙上市,是一家传统商业银行,为个人和企业提供服务。该行在中国上海和摩洛哥卡萨布兰卡设有代表处。

在华机构: 西班牙班西亚银行股份公司上海代表处
Bankia, S. A. Shanghai Representative Office

机构类别: 外国银行代表处

成立时间: 2004年9月21日

电　　话: 021-38713642

地　　址: 上海市浦东新区陆家嘴环路1000号恒生银行大厦24楼012室

传　　真: 021-68886353

网　　址: www.bankia.com

匈牙利

匈牙利储蓄商业银行公共有限公司
OTP Bank Plc.

匈牙利储蓄商业银行公共有限公司于1995年在布达佩斯证券交易所上市。该行主要经营零售银行、公司银行等业务，在11个国家和地区设有1700家分支机构，为1900多万名客户提供金融服务。

在华机构： 匈牙利储蓄商业银行公共有限公司北京代表处
OTP Bank Plc. Beijing Representative Office

机构类别： 外国银行代表处

成立时间： 2017年2月17日

电　　话： 010-85098729

地　　址： 北京市朝阳区建国门外大街1号院16号楼2315室

传　　真： 010-85098599

网　　址： www.otpbank.hu

英国

摩根士丹利国际银行有限公司
Morgan Stanley Bank International Limited

摩根士丹利国际银行有限公司成立于1999年2月23日,注册地址为英国伦敦,主要业务为商业银行业务。该行海外机构包括米兰分行、法兰克福分行、首尔分行,在中国设有子行。

在华机构: 摩根士丹利国际银行(中国)有限公司
Morgan Stanley Bank International (China) Limited

机构类别: 外商独资银行

成立时间: 1984年10月19日

电　　话: 0756-3212188

地　　址: 广东省珠海市吉大景山路188号粤财大厦第28楼2801—2807单元及2816单元

传　　真: 0756-3212168

网　　址: https://www.morganstanleychina.com/what-we do/morgan-stanley-bank-international
https://www.morganstanleychina.com/

下设分行: 北京分行

英国巴克莱银行有限公司
Barclays Bank PLC

英国巴克莱银行有限公司是巴克莱有限公司的全资子公司，成立于1896年，1917年改用现名。该行主要业务包括企业和投资银行、银行卡和支付业务。该行在以下地区设立有分支机构或代表处：中国（北京、上海、香港）、澳大利亚、比利时、加拿大、开曼群岛、智利、哥伦比亚、法国、德国（法兰克福、汉堡）、根西岛、印度、爱尔兰、马恩岛、以色列、意大利、日本、泽西岛、摩纳哥、卡塔尔、新加坡、南非、瑞士（苏黎世、日内瓦）、阿联酋、美国。

在华机构： 英国巴克莱银行有限公司上海分行
Barclays Bank PLC Shanghai Branch
机构类别： 外国银行分行
成立时间： 2005年10月24日
电　　话： 021-38966000
地　　址： 上海市浦东新区陆家嘴环路1233号汇亚大厦3101室、3102B室
传　　真： 021-38966111
网　　址： www.barclays.com

在华机构： 英国巴克莱银行有限公司北京代表处
Barclays Bank PLC Beijing Representative Office
机构类别： 外国银行代表处
成立时间： 1981年6月26日
电　　话： 010-58165018
地　　址： 北京市东城区建国门北大街8号华润大厦2101室
传　　真： 010-58165202
网　　址： www.barclays.com

英国高盛国际银行无限责任公司
Goldman Sachs International Bank

英国高盛国际银行无限责任公司根据英格兰及威尔士法律于1973年7月12日注册成立，原名为First International Bancshares Limited，经过一系列更名和重组于1995年更为现名，并重新注册为无限责任公司，是高盛集团在美国以外实施银行战略的主要实体。

该行是欧洲政府债券的一级交易商，其业务包括债券交易、吸收存款、发放贷款等。该行客户主要为公司、金融机构、主权机构和高净值客户，在德国法兰克福和南非约翰内斯堡各有一家分行，在中国北京设有一家代表处。

在华机构： 英国高盛国际银行无限责任公司北京代表处
Goldman Sachs International Bank Beijing Representative Office

机构类别： 外国银行代表处

成立时间： 2008年4月18日

电　　话： 010-66273400/3373

地　　址： 北京市西城区金融大街7号英蓝国际中心1731室

传　　真： 010-66273300

网　　址： www.goldmansachs.com/index.html

意大利

意大利联合圣保罗银行股份有限公司
Intesa Sanpaolo S.p.A.

意大利联合圣保罗银行股份有限公司由原意大利联合集团和原意大利圣保罗意米集团于2007年合并而成，总部设在都灵，第二总部位于米兰。两家集团在20世纪90年代末和21世纪初都进行过多次合并。该集团的业务领域主要分为国内商业银行业务、国际分支机构业务、公司投资银行业务、理财业务、资产管理、公共财政6个部分，在意大利境内设有5000多家营业网点，在海外设有1000多家分支机构，员工约为10.5万人。

在华机构： 意大利联合圣保罗银行股份有限公司上海分行
Intesa Sanpaolo S.p.A. Shanghai Branch

机构类别： 外国银行分行

成立时间： 1997年8月20日

电　　话： 021-20822600

地　　址： 上海市浦东新区银城中路501号5601室、5606室、5607室和5608室

传　　真： 021-20822630

网　　址： www.intesasanpaolo.com

在华机构： 意大利联合圣保罗银行股份有限公司北京代表处
Intesa Sanpaolo S.p.A. Beijing Representative Office

机构类别： 外国银行代表处

成立时间： 1986年3月11日

电　　话： 010-84862108

地　　址： 北京市朝阳区新源南路6号京城大厦2108室

传　　真： 010-84862185

网　　址： www.intesasanpaolo.com

意大利裕信银行股份有限公司
UniCredit S.p.A.

　　意大利裕信银行股份有限公司最早可以追溯至1870年成立的Banca di Genova，经过一系列兼并收购，于2007年组成意大利裕信银行股份有限公司。该行为全球系统重要性银行之一。该行的服务网络分布在全球约50个国家和地区，并在17个国家和地区建立了分支机构，员工约为8.6万人。

在华机构： 意大利裕信银行股份有限公司上海分行
UniCredit S.p.A. Shanghai Branch

机构类别： 外国银行分行

成立时间： 1995年12月29日

电　　话： 021-50470077

地　　址： 上海市浦东新区世纪大道88号金茂大厦2401室

传　　真： 021-50470407

网　　址： www.unicreditgroup.eu

在华机构： 意大利裕信银行股份有限公司北京代表处
UniCredit S.p.A. Beijing Representative Office

机构类别： 外国银行代表处

成立时间： 1987年2月14日

电　　话： 010-65003716

地　　址： 北京市朝阳区建国门外大街19号国际大厦2604室

传　　真： 010-65001165

网　　址： www.unicreditgroup.eu

意大利西雅那银行股份有限公司
Banca Monte dei Paschi di Siena S.p.A.

　　意大利西雅那银行股份有限公司成立于1995年8月。该行主要在意大利本土开展业务，提供传统的零售和商业银行服务。该行设有1家海外子行、1家海外分行和8家海外代表处。

在华机构： 意大利西雅那银行股份有限公司上海分行
Banca Monte dei Paschi di Siena S.p.A.Shanghai Branch

机构类别： 外国银行分行

成立时间： 2007年10月8日

电　　话： 021-53862800

地　　址： 上海市黄浦区太仓路233号新茂大厦2501—2504室

传　　真： 021-53830411

网　　址： www.mps.it

在华机构： 意大利西雅那银行股份有限公司北京代表处
Banca Monte dei Paschi di Siena S.p.A. Beijing Representative Office
机构类别： 外国银行代表处
成立时间： 1990年1月12日
电　　话： 010-65053136
地　　址： 北京市朝阳区建国门外大街1号（一期）16幢16楼04—05单元
传　　真： 010-65053139
网　　址： www.mps.it

意大利意联银行股份有限公司
Unione di Banche Italiane S.p.A

意大利意联银行股份有限公司成立于2003年7月1日，原为意大利第五大银行集团。该行主营业务包括全球交易银行、公司金融与投行、私人银行等。该行在法国设有三家分行，在纽约、圣保罗、卡萨布兰卡、莫斯科、孟买、上海、香港、迪拜和新加坡设有代表处。该行于2020年8月5日被意大利联合圣保罗银行收购，成为联合圣保罗集团中的一员。

在华机构： 意大利意联银行股份有限公司上海代表处
Unione di Banche Italiane S.p.A Shanghai Representative Office
机构类别： 外国银行代表处
成立时间： 2006年9月29日
电　　话： 021-61675333
地　　址： 上海市徐汇区淮海中路1325号1幢808室
传　　真： 021-61675582
网　　址： www.ubibanca.it

North America
北美洲

| 古巴 | 美国 |
| 加拿大 | |

古巴

古巴国民银行
Banco Nacional De Cuba

古巴国民银行于1948年12月23日成立,是古巴最大的商业银行,主要承办对古巴有重大影响项目的贷款、转贷或担保业务,不办理存款和储蓄业务,在海外设有北京代表处和巴黎代表处。

在华机构: 古巴国民银行北京代表处
Banco Nacional De Cuba Beijing Representative Office

机构类别: 外国银行代表处

成立时间: 1999年8月9日

电　话: 010-65156586

地　址: 北京市朝阳区建国门外大街丙24号京泰大厦7楼706室和708室

传　真: 010-65156514

网　址: www.bnc.cu

加拿大

加拿大蒙特利尔银行有限公司
Bank of Montreal

加拿大蒙特利尔银行有限公司成立于1817年,总部位于加拿大多伦多。该行通过个人与商业银行、财富管理和资本市场三大业务板块,向全球1200多万名客户提供产品和服务,业务涵盖个人与商业银行、财富管理及投资银行等业务领域。该行在北美洲、欧洲和亚洲等地开展业务。

在华机构: 蒙特利尔银行(中国)有限公司
Bank of Montreal (China) Co. Ltd.

机构类别: 外商独资银行

成立时间: 2010年7月20日

电　话: 010-85881688

地　址: 北京市朝阳区建国路77号华贸中心3号写字楼27楼03B单元、05单元

传　真: 010-85888801

网　址: www.bmo.com

下设分行: 北京分行、上海分行、广州分行

加拿大丰业银行有限公司
The Bank of Nova Scotia

加拿大丰业银行有限公司于1832年在加拿大哈利法克斯市成立。该行总部设在加拿大多伦多，在34个国家和地区设有2618家分支机构，是北美洲和南美洲重要的金融机构之一。该行主要有四大业务板块，包括加拿大本土银行业务部、国际银行业务部、全球财富管理部和全球银行及市场业务部。

在华机构： 加拿大丰业银行有限公司广州分行
The Bank of Nova Scotia Guangzhou Branch

机构类别： 外国银行分行

成立时间： 1994年8月3日

电　　话： 020-32317101

地　　址： 广东省广州市天河区林和西路161号中泰国际广场A1503、A1505、A1506

传　　真： 020-32317199

网　　址： www.scotiabank.com

在华机构： 加拿大丰业银行有限公司上海分行
The Bank of Nova Scotia Shanghai Branch

机构类别： 外国银行分行

成立时间： 2006年9月1日

电　　话： 021-60728900

地　　址： 上海市浦东新区世纪大道88号金茂大厦2904室

传　　真： 021-60728999

网　　址： www.scotiabank.com

在华机构：加拿大丰业银行有限公司北京代表处
The Bank of Nova Scotia Beijing Representative Office

机构类别：外国银行代表处

成立时间：1982年3月12日

电　　话：010-85192050

地　　址：北京市东城区建国门北大街8号华润大厦503室

传　　真：010-85192055

网　　址：www.scotiabank.com

加拿大皇家银行有限公司
Royal Bank of Canada

加拿大皇家银行有限公司成立于1869年。该行在全球拥有8万多名员工，在50多个国家和地区设有分支机构，为1700多万名客户提供商业银行、投资银行、理财、保险、基金等各类金融服务。

在华机构：加拿大皇家银行有限公司北京分行
Royal Bank of Canada Beijing Branch

机构类别：外国银行分行

成立时间：2006年1月23日

电　　话：010-58399388

地　　址：北京市西城区金融大街7号英兰国际金融中心9楼921—925单元

传　　真：010-66553223

网　　址：www.rbc.com

加拿大帝国商业银行有限公司
Canadian Imperial Bank of Commerce

加拿大帝国商业银行有限公司于1961年由加拿大商业银行和加拿大帝国银行合并成立。该行在多伦多和纽约交易所上市。该行主营业务包括加拿大零售和小企业银行、加拿大商业银行和财富管理、美国商业银行和财富管理、资本市场。该行在加拿大、美国、英国、澳大利亚、中国、新加坡、日本及其他地区为1000万名客户提供金融产品和服务。

在华机构： 加拿大帝国商业银行有限公司上海代表处
Canadian Imperial Bank of Commerce Shanghai Representative Office

机构类别： 外国银行代表处

成立时间： 2004年9月21日

电　　话： 021-63404600

地　　址： 上海市黄浦区西藏中路268号来福士广场办公楼4807室

传　　真： 021-63404939

网　　址： www.cibc.com

在华机构： 加拿大帝国商业银行有限公司北京代表处
Canadian Imperial Bank of Commerce Beijing Representative Office

机构类别： 外国银行代表处

成立时间： 1981年8月5日

电　　话： 010-65667071

地　　址： 北京市朝阳区建国门外大街1号国贸大厦B座56楼03单元

传　　真： 010-65660102

网　　址： www.cibc.com

加拿大多伦多道明银行有限公司
The Toronto-Dominion Bank

加拿大多伦多道明银行有限公司总部位于多伦多，1955年通过合并多伦多银行和道明银行后注册成立，该行在多伦多和纽约证券交易所上市，提供传统商业银行业务。除加拿大本土外，海外网点和办事处分布在美国、英国、爱尔兰、新加坡、日本、韩国、印度、中国（内地和香港）等多个国家和地区。

在华机构： 加拿大多伦多道明银行有限公司上海代表处
The Toronto-Dominion Bank Shanghai Representative Office

机构类别： 外国银行代表处

成立时间： 2008年12月29日

电　　话： 021-62887979

地　　址： 上海市南京西路1266号恒隆广场办公楼25楼2504室、2505室

传　　真： 021-62883026

网　　址： www.td.com

加拿大国民银行有限公司
National Bank of Canada

加拿大国民银行有限公司于1992年11月6日成立,是一家按照加拿大银行法成立的联邦特许银行,为零售、商业、公司和机构客户提供金融服务,主要业务板块包括个人和商业银行、财富管理和金融市场。该行在海外设有2家分行和5家代表处。

在华机构: 加拿大国民银行有限公司上海代表处
National Bank of Canada Shanghai Representative Office

机构类别: 外国银行代表处

成立时间: 2010年7月21日

电　　话: 021-51506588

地　　址: 上海市徐汇区零陵路899号29楼B座

传　　真: 021-51506400

网　　址: www.nbc.ca

美国

美国摩根大通银行有限公司
JPMorgan Chase Bank, N.A.

美国摩根大通银行有限公司成立于1824年1月1日,注册地为美国俄亥俄州哥伦布市,该行是摩根大通集团全资所有的有限责任公司,主要业务分为个人和社区银行、企业和投资银行、商业银行及资产和财富管理。

在华机构: 摩根大通银行(中国)有限公司
JPMorgan Chase Bank (China) Company Limited

机构类别: 外商独资银行

成立时间: 2007年7月23日

电　　话: 010-59318000

地　　址: 北京市西城区金融大街7号英蓝国际金融中心F1905—1912单元、F2012B—F2019A单元

传　　真: 010-59318884

网　　址: www.jpmorganchina.com.cn/zh/about-us

下设分行: 北京分行、天津分行、上海分行、成都分行、广州分行、深圳分行、哈尔滨分行、苏州分行

美国花旗银行有限公司
Citibank, N.A.

美国花旗银行有限公司为花旗银行（中国）有限公司的单一股东，花旗公司（Citicorp LLC）为美国花旗银行有限公司的全资控股股东和实际控制人，最终受益人为花旗集团。花旗集团的历史最早可追溯至1812年成立的纽约城市银行，总部设在美国纽约曼哈顿。花旗集团业务分布在全球160多个国家和地区，主要包括全球零售金融业务、企业及机构客户业务、金融市场及证券服务等。

在华机构： 花旗银行（中国）有限公司
　　　　　　Citibank (China) Co., Ltd.
机构类别： 外商独资银行
成立时间： 2007年3月20日
电　　话： 021-28966000
地　　址： 上海市浦东新区花园石桥路33号花旗集团大厦主楼28楼01A和04单元、29楼、30楼、33楼01单元、34楼和35楼
传　　真： 021-28966591
网　　址： www.citi.com
下设分行： 北京分行、天津分行、上海分行、南京分行、杭州分行、长沙分行、广州分行、重庆分行、成都分行、贵阳分行、大连分行、深圳分行

美国华美银行股份有限公司
East West Bank

美国华美银行股份有限公司注册于美国加州大洛杉矶地区的帕萨迪纳市，是总部设立于南加利福尼亚州的重要银行之一，也是全美以华裔为主要市场的商业银行之一。该行作为首家主要面向美国华人的存款类金融机构，1972年6月由美国联邦住宅贷款银行理事会批准成立。该行控股股东为华美银行集团，后者在美国纳斯达克上市。

在华机构： 华美银行（中国）有限公司
East West Bank (China) Limited

机构类别： 外商独资银行

成立时间： 1992年6月26日

电　　话： 021-50499999

地　　址： 上海市浦东新区世纪大道88号金茂大厦33楼01—08单元

传　　真： 021-52885388

网　　址： www.eastwestbank.com

下设分行： 汕头分行、深圳分行

在华机构： 美国华美银行股份有限公司北京代表处
East West Bank Beijing Representative Office

机构类别： 外国银行代表处

成立时间： 2002年10月15日

电　　话： 010-65101551

地　　址： 北京市东城区建国门内大街7号609室

传　　真： 010-65171266

网　　址： www.eastwestbank.com

在华机构：美国华美银行股份有限公司广州代表处
　　　　　East West Bank Guangzhou Representative Office
机构类别：外国银行代表处
成立时间：1996年1月31日
电　　话：020-38912301
地　　址：广东省广州市天河北路233号中信广场1303室
传　　真：020-38773308
网　　址：www.eastwestbank.com

在华机构：美国华美银行股份有限公司重庆代表处
　　　　　East West Bank Chongqing Representative Office
机构类别：外国银行代表处
成立时间：2007年10月30日
电　　话：023-86208700，023-86208701
地　　址：重庆市渝中区邹容路68号大都会商厦1109单元
网　　址：www.eastwestbank.com

在华机构：美国华美银行股份有限公司厦门代表处
　　　　　East West Bank Xiamen Representative Office
机构类别：外国银行代表处
成立时间：2006年7月14日
电　　话：0592-2070017
地　　址：福建省厦门市鹭江道8号国际银行大厦20G单元
传　　真：0592-2070028
网　　址：www.eastwestbank.com

美国硅谷银行有限公司
Silicon Valley Bank Co., Ltd.

美国硅谷银行1983年成立于美国加利福尼亚州，隶属于SVB金融集团。该行主要为创新企业及其投资人提供金融服务。该行的业务包括商业银行、国际金融及私人银行。

在华机构：浦发硅谷银行有限公司
SPD Silicon Valley Bank Co., Ltd.

机构类别：中外合资银行

成立时间：2012年7月30日

电　　话：021-35963088

地　　址：上海市杨浦区大连路588号宝地广场办公楼B座21楼整个楼层（该楼层数为名义楼层，实际楼层为18楼）及22楼01室、06B室（该楼层数为名义楼层，实际楼层为19楼）

传　　真：021-35963099

网　　址：www.spd-svbank.com

下设分行：北京分行、深圳分行

美国银行有限公司
Bank of America, National Association

美国银行有限公司是美国银行集团的全资子公司。该行前身是1784年7月5日成立的马萨诸塞银行。目前该行持有美国全能银行营业牌照，在美国公开上市，是全球最大的金融机构之一。该行提供的金融产品和服务包括银行、投资、资产和风险管理等。

在华机构： 美国银行有限公司上海分行
Bank of America, National Association Shanghai Branch

机构类别： 外国银行分行

成立时间： 1991年6月20日

电　　话： 021-61608888

地　　址： 上海市浦东新区陆家嘴环路1233号汇亚大厦17楼、16楼1601—1606单元、1607A单元和1608A单元

传　　真： 021-61608795

网　　址： www.bankofamerica.com

在华机构：美国银行有限公司北京分行
Bank of America, National Association Beijing Branch
机构类别：外国银行分行
成立时间：1997年1月3日
电　　话：010- 58358888
地　　址：北京市朝阳区建国门外大街1号院1号楼国贸大厦35楼04—21室
传　　真：010-58358620
网　　址：www.bankofamerica.com

在华机构：美国银行有限公司广州分行
Bank of America, National Association Guangzhou Branch
机构类别：外国银行分行
成立时间：1993年1月20日
电　　话：020-81162222
地　　址：广东省广州市天河区珠江西路5号广州国际金融中心4楼01-A
传　　真：020-81300899
网　　址：www.bankofamerica.com

美国富国银行有限公司
Wells Fargo Bank, National Association

美国富国银行有限公司是富国银行集团公司的子公司。富国银行集团公司是一家以社区为基础的金融服务公司，成立于1852年，总部位于旧金山，该行在31个国家和地区设有办事处。该行主要业务包括消费者银行和贷款、商业银行业务、公司和投资银行业务、财富与投资管理业务。

在华机构： 美国富国银行有限公司上海分行
Wells Fargo Bank, National Association Shanghai Branch

机构类别： 外国银行分行

成立时间： 2005年5月13日

电　　话： 021-28927700

地　　址： 上海市浦东新区世纪大道100号上海环球金融中心32楼30单元

传　　真： 021-68596833

网　　址： www.wellsfargo.com

在华机构： 美国富国银行有限公司北京分行
Wells Fargo Bank, National Association Beijing Branch

机构类别： 外国银行分行

成立时间： 2015年6月26日

电　　话： 010-59407888

地　　址： 北京市西城区金融大街7号英蓝国际金融中心7楼F721—F723单元

传　　真： 010-65179097

网　　址： www.wellsfargo.com

美国纽约梅隆银行有限公司
The Bank of New York Mellon

美国纽约梅隆银行有限公司是纽约梅隆集团的全资子公司。美国纽约梅隆银行集团成立于2007年7月1日，由创建于1784年的纽约银行有限公司和梅隆金融公司合并而成。该集团是全球最大的资产管理和资产服务公司之一，在全球超过35个国家和地区拥有分支机构。该集团有两个主要业务板块，即投资管理和投资服务。

在华机构：美国纽约梅隆银行有限公司上海分行
The Bank of New York Mellon Shanghai Branch

机构类别：外国银行分行

成立时间：1999年3月18日

电　　话：021-38661166

地　　址：上海市浦东新区陆家嘴环路1000号恒生银行大厦41楼

传　　真：021-58876617

网　　址：www.bnymellon.com

在华机构：美国纽约梅隆银行有限公司北京分行
The Bank of New York Mellon Beijing Branch

机构类别：外国银行分行

成立时间：2010年6月11日

电　　话：010-88007500

地　　址：北京市西城区金融大街7号英蓝国际金融中心7楼729—730室

传　　真：010-66555777

网　　址：www.bnymellon.com

美国建东银行有限公司
Bank of the Orient

美国建东银行有限公司于1971年3月17日在美国加利福尼亚州旧金山注册成立，美国建东银行集团持有其100%的股权。该行主要从事个人消费信贷业务和中小企业商业贷款业务，贷款产品包括商业贷款、贸易融资、房地产长期贷款、搭桥贷款、消费贷款、信用卡服务、住房按揭和住房抵押贷款等。该行有150余名员工，有8家零售分行，在美国以外有1家分支机构。

在华机构： 美国建东银行有限公司厦门分行
Bank of the Orient Xiamen Branch

机构类别： 外国银行分行

成立时间： 1986年1月24日

电　　话： 0592-2278678

地　　址： 福建省厦门市思明区鹭江道2号2006室、2007室、2008室、2009室

传　　真： 0592-2276798

网　　址： www.bankorient.com

美国道富银行有限公司
State Street Bank and Trust Company

美国道富银行有限公司是美国道富集团旗下主要的银行业务子公司,被称为信托和托管银行,服务并代表其机构客户管理资产。该行在全球100多个地区经营业务,包括美国、加拿大、欧洲、中东和亚洲。

在华机构:美国道富银行有限公司北京分行
　　　　　State Street Bank and Trust Company Beijing Branch

机构类别:外国银行分行

成立时间:2011年1月31日

电　　话:010-66574501

地　　址:北京市朝阳区东三环中路1号环球金融中心东塔1501—1502单元

传　　真:010-66574505

网　　址:www.statestreet.com

美国北美信托银行有限公司
The Northern Trust Company

美国北美信托银行有限公司成立于1889年，总部在美国伊利诺伊州芝加哥市。该行是北美信托集团的主要子公司，在全球范围为公司、机构及个人客户提供全球托管和资产管理服务。该行的公司与机构服务部负责为公司和机构客户提供全球托管和资产管理服务，财富管理部负责为个人客户提供个人信托、托管和理财服务。

在华机构： 美国北美信托银行有限公司北京分行
The Northern Trust Company Beijing Branch

机构类别： 外国银行分行

成立时间： 2010年7月30日

电　　话： 010-85135311/85135353

地　　址： 北京市朝阳区建外大街2号银泰中心C座2106B室

传　　真： 010-85171088

网　　址： www.northerntrust.com

美国国泰银行有限公司
Cathay Bank Ltd. Co.

美国国泰银行有限公司成立于1962年，总部位于美国加州洛杉矶。该行所属国泰万通金控是纳斯达克上市公司。该行业务涵盖企业金融、房地产金融及电子银行服务。该行在美国国内设有60家分行，并在中国香港设有一家分行，在北京、上海及台北设有代表处。

在华机构： 美国国泰银行有限公司上海代表处
Cathay Bank Shanghai Representative Office

机构类别： 外国银行代表处

成立时间： 2002年1月7日

电　　话： 021-52985656、52985357

地　　址： 上海市南京西路1515号静安嘉里中心办公楼一座18层1806室

传　　真： 021-52986161

网　　址： www.cathaybank.com

在华机构： 美国国泰银行有限公司北京代表处
Cathay Bank Ltd. Co. Beijing Representative Office

机构类别： 外国银行代表处

成立时间： 1993年4月27日

电　　话： 010-68333310

地　　址： 北京市海淀区首体南路6号新世纪日航饭店写字楼1155室

传　　真： 010-68338600

网　　址： www.cathaybank.com

美国浦瑞兴银行股份有限公司
PNC Bank, National Association

美国浦瑞兴银行股份有限公司成立于1852年,总部位于美国匹兹堡,主要从事零售银行、公司和机构银行及资产管理业务。该行在加拿大和巴哈马设有两个海外分行,在中国、英国和德国设有办事处。

在华机构:美国浦瑞兴银行股份有限公司上海代表处
　　　　　PNC Bank, National Association Shanghai Representative Office

机构类别:外国银行代表处

成立时间:2008年4月16日

电　　话:021-63350268

地　　址:上海市黄浦区延安东路222号金光外滩金融中心4304室

传　　真:021-63350108

网　　址:www.pnc.com

South America
南美洲

| 阿根廷 | 智利 |
| 巴西 | |

阿根廷

阿根廷国民银行
Banco de la Nación Argentina

阿根廷国民银行于1891年在阿根廷首都布宜诺斯艾利斯成立，是该国的国有银行。该行主要产品包括即期和定期存款、商业和抵押贷款、贸易金融服务、国债交易和零售银行服务。该行在阿根廷本土有分支机构755个、海外分支机构13个（包括北京代表处），员工共1.7万人。

在华机构： 阿根廷国民银行北京代表处
Banco de la Nación Argentina Beijing Representative Office
机构类别： 外国银行代表处
成立时间： 2014年7月7日
电　　话： 010-65051661
地　　址： 北京市朝阳区建外大街1号国贸写字楼二座719室
传　　真： 010-65051665
网　　址： www.bna.com.ar

巴西

巴西银行有限公司
Banco do Brasil S.A.

巴西银行有限公司成立于1808年,是巴西中央银行的代理行,也是巴西最大的国有银行。该行在巴西境内设有4000余家分行,员工约有9.2万人。该行分支机构分布在中国、美国、英国、日本、葡萄牙、德国、法国和意大利等15个国家和地区,主营业务包括个人和公司贷款、资产管理和银行卡类业务。

在华机构: 巴西银行有限公司上海分行
Banco do Brasil S. A. Shanghai Branch

机构类别: 外国银行分行

成立时间: 2013年12月25日

电　　话: 021-60103600

地　　址: 上海市静安区南京西路1515号上海静安嘉里中心一座(北楼)2801—2802室及2806室

传　　真: 021-62894537

网　　址: www.bb.com.br

智利

智利银行股份有限公司
Banco de Chile

智利银行股份有限公司成立于1893年，是一家综合性私人商业银行。该行商业银行业务主要分为批发、零售及资金交易三个板块，为客户提供存贷、结算、支票账户、公司金融、流动性管理、债务工具、外汇交易、衍生品及金融工具等产品和服务。该行通过下属子公司为客户提供证券承销和上市推荐、证券经纪、共同基金投资和管理、保险、财务顾问和保理业务等其他综合性金融服务。

在华机构： 智利银行股份有限公司北京代表处
Banco de Chile Beijing Representative Office

机构类别： 外国银行代表处

成立时间： 2006年2月24日

电　　话： 010-58794301

地　　址： 北京市朝阳区建国门外大街乙12号双子座大厦西塔606室

传　　真： 010-51096040

网　　址： www.bancochile.com

智利信贷银行股份有限公司
Banco de Créditoe Inversiones

智利信贷银行股份有限公司成立于1937年，由智利雅鲁家族创立并管理至今。该行在智利国内拥有300多家分行和子公司，向个人和企业提供金融产品和银行服务，包括储蓄存款、证券经纪、抵押贷款、资产管理和保险等。在海外，该行在美国拥有一家佛罗里达子行City National Bank和一家迈阿密分行，在中国、巴西、墨西哥、秘鲁和哥伦比亚设有代表处。

在华机构： 智利信贷银行股份有限公司上海代表处
Banco de Créditoe Inversiones Shanghai Representative Office

机构类别： 外国银行代表处

成立时间： 2015年4月23日

电　　话： 021-68778600

地　　址： 上海市浦东新区陆家嘴环路1000号13楼33单元

传　　真： 021-68778558

网　　址： www.bci.cl

Oceania

大洋洲

| 澳大利亚

澳大利亚

澳大利亚和新西兰银行集团有限公司
Australia and New Zealand Banking Group Limited

澳大利亚和新西兰银行集团有限公司（以下简称澳新集团）成立于1835年，是一家设立于澳大利亚维多利亚州的上市银行集团公司。按照1959年《联邦银行法》，澳新集团被授权在澳大利亚开展银行业务，并受澳大利亚审慎监管局监管。目前，澳新集团为个人零售客户、小型企业、公司和机构客户提供服务，营业网络覆盖28个亚太市场、全球33个国家和地区，包括澳大利亚和新西兰、亚太、欧洲、美国和中东地区。

在华机构：澳大利亚和新西兰银行（中国）有限公司
Australia and New Zealand Bank (China) Company Limited

机构类别：外商独资银行

成立时间：2010年9月7日

电　　话：021-61696001

地　　址：上海市浦东新区陆家嘴环路166号未来资产大厦17楼D单元、E单元、F单元，15楼A单元、B单元、C单元、D2单元、E单元、F单元及12楼B1单元

传　　真：021-61696199

网　　址：www.anz.com.cn

下设分行：北京分行、上海分行、杭州分行、广州分行、重庆分行、成都分行、青岛分行

澳大利亚澳洲联邦银行
Commonwealth Bank of Australia

澳大利亚澳洲联邦银行于1911年在墨尔本成立。该行在海外设有上海分行、北京分行、香港分行、新加坡分行、东京分行、新西兰分行、伦敦分行、纽约分行共8家分行，以及印度尼西亚子行和马耳他子行，全球共雇用员工约52000名。该行主要业务范围包括零售银行业务、商业及私人银行业务、机构银行及金融市场业务等。

在华机构： 澳大利亚澳洲联邦银行公众股份有限公司上海分行
Commonwealth Bank of Australia Shanghai Branch

机构类别： 外国银行分行

成立时间： 2009年11月19日

电　　话： 021-61238900

地　　址： 上海市浦东新区陆家嘴环路1233号汇亚大厦1101—1103室及1106室

传　　真： 021-61650285

网　　址： www.commbank.com.au

在华机构： 澳大利亚澳洲联邦银行公众股份有限公司北京分行
Commonwealth Bank of Australia Beijing Branch

机构类别： 外国银行分行

成立时间： 2013年6月25日

电　　话： 010-56803000

地　　址： 北京市朝阳区建国门外大街1号国贸大厦4606室

传　　真： 010-59611916

网　　址： www.commbank.com.au

澳大利亚国民银行有限公司
National Australia Bank Limited

澳大利亚国民银行有限公司成立于1893年6月23日，前身是澳大拉西亚国民银行，1982年与悉尼商业银行合并，随后更名为澳大利亚国民银行有限公司。该行的主要金融服务部门在澳大利亚和新西兰，在包括中国、新加坡、日本、澳大利亚、新西兰、英国和美国等国家和地区设立了900多家分支机构和服务网点，大约有30000名员工。该行的主要业务包括企业和私人业务、个人银行和财富管理、公司业务和机构银行业务。

在华机构：澳大利亚国民银行有限公司上海分行
National Australia Bank Limited Shanghai Branch

机构类别：外国银行分行

成立时间：2011年6月3日

电　　话：021-20890288

地　　址：上海市浦东新区银城中路68号时代金融中心42楼4201—4204室

传　　真：021-61000531

网　　址：www.nationalaustraliabank.com/nabchina/zh_cn/home

在华机构：澳大利亚国民银行有限公司北京分行
National Australia Bank Limited Beijing Branch

机构类别：外国银行分行

成立时间：2015年5月14日

电　　话：010-65359800

地　　址：北京市朝阳区建国门外大街1号国贸写字楼1座23楼01室、29—32室

传　　真：010-65058836

网　　址：www.nationalaustraliabank.com/nabchina/zh_cn/home

澳大利亚西太平洋银行
Westpac Banking Corporation

澳大利亚西太平洋银行于1817年4月8日成立，原名为新南威尔士银行，1982年与澳大利亚商业银行合并后，更名为西太平洋银行。2002年8月23日，根据澳大利亚公司法注册成为股份有限责任公司。该行总部位于澳大利亚悉尼市，在上海、北京、香港、伦敦、纽约、新加坡等地设有分行，在澳大利亚及以外国家和地区共设有1143家分行，约有33000名员工。该行主要提供商业银行业务及保险业务。

在华机构： 澳大利亚西太平洋银行有限公司上海分行
Westpac Banking Corporation Shanghai Branch

机构类别： 外国银行分行

成立时间： 2007年12月10日

电　　话： 021-61657688

地　　址： 上海市浦东新区银城中路501号54楼5401室、5402室、5407室、5408室

传　　真： 021-50475008

网　　址： www.westpac.com.au

在华机构： 澳大利亚西太平洋银行有限公司北京分行
Westpac Banking Corporation Beijing Branch

机构类别： 外国银行分行

成立时间： 2011年5月23日

电　　话： 010-85877339

地　　址： 北京市朝阳区东三环中路1号环球金融中心西楼14楼09单元

传　　真： 010-85877373

网　　址： www.westpac.com.au

附 录

境外非银行金融机构驻华代表处名单

境外非银行金融机构驻华代表处名单[①]

序号	机构名称
1	日本中央短资公司上海代表处
2	日本上田八木短资公司上海代表处
3	日本东京短资股份有限公司上海代表处
4	万邦有利上海代表处
5	美国速汇金国际有限公司上海代表处
6	英国满利通国际特快汇款有限公司上海代表处
7	韩国首尔货币经纪株式会社上海代表处
8	美国嘉盛集团北京代表处
9	美国威士国际组织（亚太）有限公司北京代表处
10	日本国际信用卡公司北京代表处
11	宝捷思资本市场（香港）有限公司北京代表处
12	英国路孚特交易服务有限公司北京代表处
13	韩国货币经纪株式会社北京代表处
14	西联金融服务公司北京代表处
15	英国银星速汇有限公司北京代表处
16	CMC Markets 英国公共有限公司北京代表处
17	比利时欧洲清算银行有限公司北京代表处
18	美国万事达卡国际组织北京代表处
19	美国万事达卡国际组织广州代表处

① 截至2020年12月31日。

后 记

2005年，原中国银监会银行监管三部汇编出版了《在华外资银行名录》。2014年，原中国银监会国际部汇编出版了《中资银行海外机构名录》。本次中国银保监会国际部牵头汇编《中国银行业保险业"引进来"和"走出去"机构名录》，是在金融监管机构改革之后，首次将中国银行业和保险业对外开放的"引进来"和"走出去"情况，统一汇总集结出版。本书的编写工作，得到了中国银保监会领导的悉心指导和会内各部门、各相关银行保险机构的协助配合。中国银保监会郭树清主席长期以来一直高度关心金融业对外开放情况。周亮副主席对本书的出版给予了大力支持。在本书编写过程中，中国银保监会国际部廖媛媛、卢巍、胡婕和李国春等同志多次主持内部协调和讨论会，并仔细审阅了书稿。中国银保监会公司治理部、财险部、人身险部、中介部、资金部、非银部等相关部门，相关银保监局及中外资银行保险机构与我们协同配合、紧密协作，为本书提供了重要的资料来源。中国银保监会国际部唐莉同志在本书编写过程中做了大量的组织协调工作，程岩、赵光毅、吴婕、章元、杨豪、冯一涵、张璐、林红轮、李思媛、肖丹、郭正初、陈宝博、高嵩、胡晶、郎德威、吴千里、张颉筱、陈冬萍等同志克服了时间紧、任务重等困难，挤出时间对书稿进行汇总和校对工作，最终确保了编写工作的高效完成。

北京银保监局、上海银保监局、江苏银保监局、福建银保监局、山东银保监局、广东银保监局、四川银保监局、深圳银保监局和中国保险行业协会等单位对本书编写给予了大力支持，在此一并感谢。

此外，以下银行和保险公司的国际事务主管部门为本书提供了大量的资料和数据支持：国家开发银行、中国进出口银行、中国工商银行、中国农业银行、中国银行、中国建设银行、交通银行、中信银行、中国光大银行、华夏银行、广发银行、平安银行、招商银行、上海浦东发展银行、兴业银行、中国民生银行、浙商银行、渤海银行、北京银行、上海银行、富滇银行、东莞银行、厦门国际银行、中国人民保险集团股份有限公司、中国人寿保险（集团）公司、中国太平保险（集团）股份有限公司、中国出口信用保险公司、中国再保险（集团）股份有限公司、中国平安保险（集团）股份有限公司、中国太平洋保险（集团）股份有限公司、新华人寿保险股份有限公司、大家人寿保险股份有限公司、富德生命人寿保险股份有限公司、亚太财产保险有限公司、江泰保险经纪股份有限公司、上海环亚保险经纪有限公司、昆仑保险经纪股份有限公司、世纪保险经纪股份有限公司、泰康资产管理有限责任公司、华泰资产管理有限公司。在此，向所有在本书编写和出版过程中为之付出的人们表示衷心的感谢！

在本书编纂过程中，编写组始终秉持着严谨认真的态度，力求客观准确、翔实简练，但由于时间仓促，个别内容和数据可能仍有纰漏，恳请各位读者批评指正。

本书编写组

二〇二一年七月